Parle-moi…
j'ai des choses à te dire

Données de catalogage avant publication (Canada)

Salomé, Jacques

    Parle-moi… j'ai des choses à te dire

    1. Communication interpersonnelle. 2. Relations humaines. 3. Amour. I. Titre.

HM132.S34   1995   158'.2   C95-940922-X

Illustrations: Karine Bosserdet

DISTRIBUTEURS EXCLUSIFS:

- Pour le Canada et
  les États-Unis:
  MESSAGERIES ADP*
  955, rue Amherst,
  Montréal, Québec
  H2L 3K4
  Tél.: (514) 523-1182
  Télécopieur: (514) 939-0406
  * Filiale de Sogides ltée

- Pour la France et
  les autres pays:
  INTER FORUM
  Immeuble Paryseine, 3, Allée de la Seine
  94854 Ivry Cedex
  Tél.: 01 49 59 11 89/91
  Télécopieur: 01 49 59 11 96
  Commandes: Tél.: 02 38 32 71 00
      Télécopieur: 02 38 32 71 28

- Pour la Suisse:
  DIFFUSION: HAVAS SERVICES SUISSE
  Case postale 69 - 1701 Fribourg - Suisse
  Tél.: (41-26) 460-80-60
  Télécopieur: (41-26) 460-80-68
  Internet: www.havas.ch
  Email: office@havas.ch
  DISTRIBUTION: OLF SA
  Z.I. 3, Corminbœuf
  Case postale 1061
  CH-1701 FRIBOURG
  Commandes: Tél.: (41-26) 467-53-33
      Télécopieur: (41-26) 467-54-66

- Pour la Belgique et le Luxembourg:
  PRESSES DE BELGIQUE S.A.
  Boulevard de l'Europe 117
  B-1301 Wavre
  Tél.: (010) 42-03-20
  Télécopieur: (010) 41-20-24

Pour en savoir davantage sur nos publications,
visitez notre site: **www.edhomme.com**
Autres sites à visiter: www.edjour.com · www.edtypo.com
www.edvlb.com · www.edhexagone.com · www.edutilis.com

Dépôt légal: 3e trimestre 1995
Bibliothèque nationale du Québec

ISBN 2-7619-1276-4

JACQUES SALOMÉ

Parle-moi…
j'ai des choses à te dire

Un livre a toujours deux auteurs
celui qui l'écrit
et celui qui le lit...

Chez le même éditeur

En collaboration avec Sylvie Galland

SI JE M'ÉCOUTAIS... JE M'ENTENDRAIS, Éditions de l'Homme — 1990
AIMER ET SE LE DIRE, Éditions de l'Homme — 1993

Chez d'autres éditeurs

SUPERVISION ET FORMATION DE L'ÉDUCATEUR SPÉCIALISÉ
    Éditions Privat — 1972 (épuisé)

RELATION D'AIDE ET FORMATION À L'ENTRETIEN
    Presses Universitaires de Lille — 1987

APPRIVOISER LA TENDRESSE
    Éditions Jouvence — 1988

PAPA, MAMAN, ÉCOUTEZ-MOI VRAIMENT
    Éditions Albin Michel — 1989

JE M'APPELLE TOI — Roman
    Éditions Albin Michel — 1990

T'ES TOI QUAND TU PARLES
    Jalons pour une grammaire relationnelle
    Éditions Albin Michel — 1991

BONJOUR TENDRESSE — Une pensée par jour
    Éditions Albin Michel — 1992

CONTES À GUÉRIR, CONTES À GRANDIR
    Une approche symbolique de la mise en maux
    Éditions Albin Michel — 1993

BONJOUR TENDRESSE — Une pensée par jour
    Éditions Albin Michel — 1992

L'ENFANT BOUDDHA
    Illustrations par Cosey
    Éditions Albin Michel — 1993

HEUREUX QUI COMMUNIQUE — Pour oser se dire et être entendu
    Éditions Albin Michel - 1993

TAROT RELATIONNEL
    Éditions Albin Michel — 1994

PAROLES D'AMOUR — Poésie
    Éditions Albin Michel — 1995

JE T'APPELLE TENDRESSE — Poétique relationnelle
    Éditions l'Espace Bleu — 1984

En collaboration avec Sylvie Galland

LES MÉMOIRES DE L'OUBLI — Développement et changement personnel.
    Éditions Jouvence — 1989

Les conférences de Jacques Salomé sont enregistrées chez SONOTHÈQUE MÉDIA —
BP 32 — F. 31801 ST GAUDENS Cedex. Tél. 61.95.96.95

« *Se communiquer* »
ouvrir son cœur
se rendre accessible
dévoiler ses pensées... »

(Littré)

Mes remerciements et ma reconnaissance à Sylvie Galland
pour tout ce que ce travail lui doit et plus encore.

« Un homme et une femme se rencontrent et se disent: "Je vais te prêter ma liberté..." »

Nelly Kaplan

Je me suis longtemps demandé comment les relations de couple, fondées sur un projet de vie, une création en commun, développées dans la durée par le partage, la mise en commun d'un territoire d'espaces, de temps, d'intérêts économiques, affectifs, se métamorphosaient souvent en relations de malentendus, de tensions, de silence, de blocage, voire d'aliénation mutuelle.

J'ai tenté de repérer quelques modalités, quelques processus qui, dans leur ponctualité, n'ont rien de grave ou de dramatique, mais qui, répétés, amplifiés, ajoutés les uns aux autres, vont constituer au long des jours, malgré la tendresse, malgré l'espérance, une source renouvelée de pollution relationnelle et faire obstacle à la communication entre deux êtres.

« *Se tromper est humain, mais lorsque la gomme s'use plus vite que le crayon, c'est qu'on exagère.* »

J. Jenkins

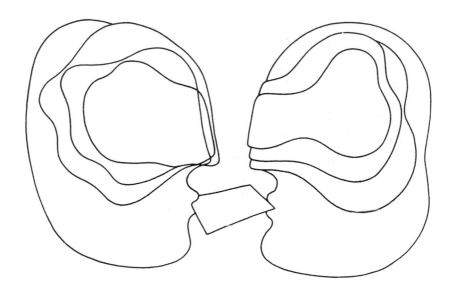

Comment communiquer le goût de la vie ?
Quelles paroles ?
Quels gestes ?
Quels regards ?
Quels silences ?

« Que m'importent les fleurs et les
Arbres, et le feu et la pierre,
Si je suis sans amour et sans foyer !

Il faut être deux — ou du moins
Hélas ! Avoir été deux —
Pour comprendre un ciel bleu,
Pour nommer une aurore ! »

Gaston Bachelard

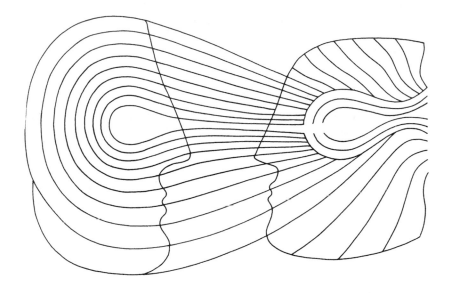

« *Ce besoin de parler et cette peur de dire.* »

M. Benin (chanson)

Présentation

J'ai articulé ma réflexion sur « les communications » et « les incommunications » dans le couple autour de huit points :

I. La rencontre

1. Les images-écrans
2. Les choix dans un couple et les conflits qui en découlent
3. Quelques-uns des malentendus qui président à la formation du couple

II. Vivre en couple

1. La relation de compagnonnage
2. Vivre la vie quotidienne ensemble
   • Territoire d'espaces et de temps
   • Rituels: coucher, lever, arrivée/retour au foyer, repas
   • La durée
3. La communication non verbale
   • Le regard
   • Les relations physiologiques
   • Les caresses
   • Les sourires
4. La communication infraverbale
5. Le mariage « sur mesure »

> *Il y a rencontre quand la réalité arrive à éblouir même le rêve.*

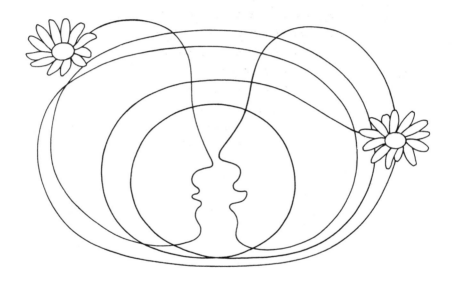

Nos échanges de tendresse
sont les partages éphémères du monde.

« Quand j'exprime ou j'affirme
un point de vue, un ressenti, un
sentiment personnel, je souhaite
pouvoir le faire en apposition, en
confrontation et non en opposition
ou dans un affrontement à ton
propre point de vue, ressenti ou
sentiment. Quand nos perceptions
sont aux antipodes l'une de
l'autre, cela ne veut pas dire que
je t'aime moins ou que c'est une
négation de ce que tu éprouves.
Cela veut dire que je suis
différente de toi et que je te ren-
contre avec ces différences. »

Lettre d'une à un.

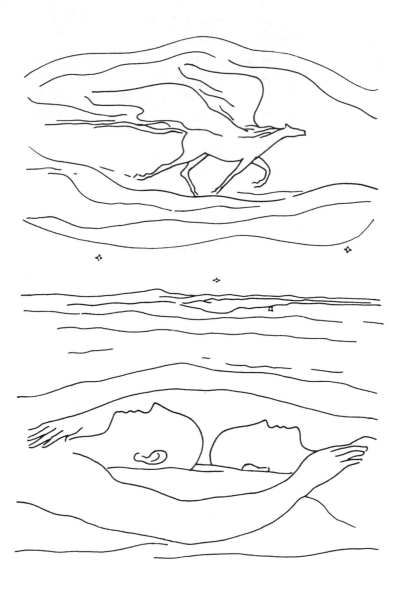

La communication, c'est ce qui se passe
entre celui qui appelle et celui qui est appelé.

Introduction

« *C'est ma blessure à moi
et c'est aussi la vôtre
nous sommes les morceaux
d'un entier déchiré.* »

Pierre Haralambon
(chanteur)

Je ne suis pas un homme de rédaction mais quelqu'un qui travaille habituellement dans l'intimité de petits groupes et de la souffrance individuelle[1].

Je n'ai aucune compétence ni savoir particulier ou exceptionnels en matière de couple.

Comme beaucoup, je tente de vivre, voilà maintenant plus de vingt ans, de survivre parfois, en couple(s) — au pluriel dans mon expérience.

Je tente ici de faire part de quelques remarques, réflexions, analyses qui m'ont interpellé et invité à réajuster mes espoirs et mes désespoirs.

Je n'ai aucune recette, aucune technique à transmettre et je crains même, après cette lecture, de laisser encore plus d'interrogations.

---

1. Ma recherche plus élargie porte aussi sur les institutions, et le couple me paraît être une institution importante.

Je souhaite seulement qu'elles puissent ouvrir à des échanges nouveaux et stimulants, en permettant d'aller au-delà de *l'agression* (violence), du *masochisme* (déprime-dévalorisation) ou de *l'idéalisation* (surenchères relationnelles-rêveries-projections), trois des mécanismes de défense habituels dans les impasses de la vie en couple.

En permettant, c'est mon souhait, d'aller au-delà du renoncement, de la passivité ou de la violence et du morcellement de relations devenues trop douloureuses de s'être manquées.

I. La rencontre

« Nul projet ne leur serait impossible. Ils ne connaîtraient pas la rancœur, ni l'amertume, ni l'envie. Car leurs moyens et leurs désirs s'accorderaient en tous points, en tout temps. Ils appelleraient cet équilibre bonheur et sauraient par leur liberté, par leur sagesse, par leur culture, le préserver, le découvrir à chaque instant de leur vie commune. »

G. Perec

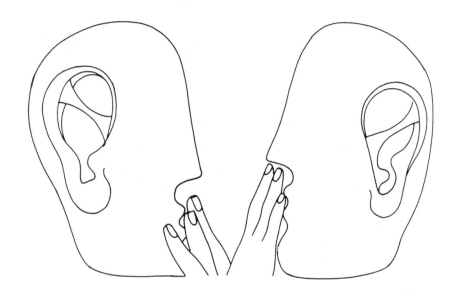

« La souffrance est le langage privilégié d'une blessure
qui se réveille. Ne bâillonnez jamais une souffrance
qui tente de se dire.»

> *On court vers quelque chose, on trouve autre chose...*
> *On court vers quelqu'un, on trouve soi!*

1. Les images-écrans

Toute relation amoureuse, et toute relation de couple qui parfois en découle, commence sur un malentendu. La Rencontre, c'est le temps de tous les espoirs fous, l'illusion que l'incomplétude fondamentale de chacun va être comblée, le mirage d'une réparation possible des blessures de la naissance (être comme l'autre et être tout pour l'autre) et des blessures de l'enfance (exister, être reconnu, compris, entendu), avec la possibilité d'établir cela dans une durée infinie.

La littérature de tous les temps montre que cet état amoureux se maintient difficilement dans la durée. Mais à cela, un amoureux averti répond : « Je le sais, mais je n'y crois pas.» Et beaucoup vont en tenter la démonstration en créant un couple.

LES BELLES IMAGES

Jean rencontre Marie.

Que connaissent-ils l'un de l'autre ? Souvent ce qu'ils en attendent. C'est avant tout la rencontre de deux inconscients, de deux passés et souvent de deux méconnaissances réciproques. La rencontre de deux élans, de deux peurs aussi, la rencontre des Possibles.

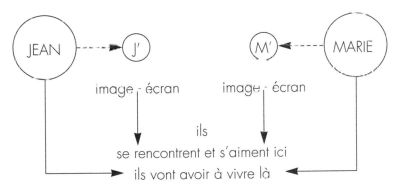

Combien de mois, d'années mettront-ils à démystifier (ou à entretenir malgré les difficultés) les images-écrans de l'un et de l'autre, de l'un chez l'autre.

> *« Que faire de ma liberté, si elle m'enferme dans un rôle de femme forte — que je ne suis pas. »*

Par exemple, l'image-écran de Jean sera constituée, entre autres choses :
- de la façade de Jean, de ce qu'il veut bien montrer de lui ;
- des projections de l'autre (Marie, en l'occurrence).

Elle sera entretenue par ce que Jean « croit » que l'autre attend de lui (par exemple : douceur, assurance, certitude, affirmation de soi), ce qui développera par la suite une loi affective contraignante dans la vie du couple. L'un ou l'autre ne pourra pas se dire, se révéler tel qu'il se sent pour ne pas faire de la peine, pour ne pas risquer de perdre « l'attachement » de l'autre, pour ne pas décevoir. Il restera soucieux de « paraître » ce qu'il croit que l'autre aime et désire en lui.

Tout se passera comme si l'un et l'autre devaient se cacher ou jouer un rôle pour continuer à être aimés.

Les images-écrans sont aussi constituées par nos peurs, nos refus, notre propre méconnaissance, les « tromperies » sur nous-mêmes, liés à des scénarios plus anciens. Pour lui « se sentir aimé, c'est risquer de faire souffrir l'autre ».

Il lui dira « Surtout ne m'aime pas, ne t'attache pas à moi ». Tout en lui envoyant des signaux contraires, pour la lier davantage.

Dans un autre scénario, ce sera « faire l'amour, c'est prendre le risque d'être abandonnée » en relation avec le discours de la mère qui disait : « Ils ne veulent que ça, et sitôt qu'ils l'ont obtenu ils te laissent tomber. » Donc « Ce qui m'a séduite chez lui, c'est qu'il n'a pas cherché tout de suite à coucher avec moi, je me suis sentie désirée pour autre chose… » Mais que fera-t-il de son désir sur elle ?

Le dépassement des premières déceptions — l'autre n'est pas comme nous l'avions imaginé ou rêvé ou construit — est une tâche ingrate.

« Je me suis senti trop souvent coincé, essayant de faire plaisir à l'autre, de ne prêter le flanc ni le dos à aucune critique, oh ! que cela me faisait mal, quand je ne me sentais ni bon ni apprécié, quel coup porté à ma toute-puissance ! Et puis j'ai découvert, très lentement, très lentement qu'on peut aimer quelqu'un même s'il a des failles, et que ces failles, ces faiblesses peuvent aussi être aimées... »

« Je ne suis pas violente, je tente de mettre fin, de renoncer à cette image qu'on m'a collée. Mais si je suis douce, j'ai peur de me faire avoir... »

« Je me débats désespérément dans les pièges des images proposées à l'homme. Mais je sens que je ne pourrai découvrir quel homme je suis, je peux être, qu'en rencontrant des femmes qui soient femmes. »

Si Marie tente de se montrer conforme à l'image que Jean a eue en premier d'elle, c'est aussi qu'elle souhaite se plaire à elle-même en niant ou cachant par exemple les aspects d'elle-même qu'elle ressent comme mesquins ou dévalorisants.

« Je veux que tu me voies comme je voudrais être et non comme je suis. En me regardant dans le miroir déformant de ton regard, je me rassure et je parviens à me tromper sur moi-même. »

Ils ont eu des moments extraordinaires, très bons dans le temps de la rencontre. Et ils vont essayer de retrouver cela (en vain) toute leur vie. Certains couples sont dans une vie d'attente pour retrouver un moment ineffable partagé dans les premiers regards.

Le jeu des « belles images » peut se maintenir toute une vie mais risque de frustrer chacun dans son désir d'être authentique et empêche l'intimité vraie fondée sur la reconnaissance des vulnérabilités et l'aspiration à être congruent.

> *« J'avais tellement besoin de son amour que je lui ai fait cadeau de ce qu'il y avait de plus essentiel en moi... ma vie. »*

> Quand les mots s'échappent
> pour devenir enfin paroles...

L'IDÉOLOGIE AMOUREUSE ET L'ÉTAT D'AMOUR-NAISSANT

Bien au-delà du jeu des belles images, l'autre malentendu est lié aux pièges de l'idéologie amoureuse profondément ancrée, entretenue et développée dans notre culture.

Toutes les représentations de l'état amoureux sont exprimées comme la satisfaction possible d'un certain nombre de désirs et de besoins ressentis soit comme essentiels soit comme légitimes.

C'est un double mouvement qui se crée : nous attendons que l'autre reconnaisse, admette nos demandes comme légitimes et en satisfasse la plus grande part. Et nous nous sentons prêts à être également bons pour lui. Tout cela sur un mode positif, gratifiant pour l'un et pour l'autre.

Tout ce schéma nous paraît culturel et ne correspond pas toujours à la dynamique de certains individus et de certains couples.

Pour certains, en effet, la difficulté ne sera pas de trouver quelqu'un qui satisfasse, qui réponde sur un mode positif à des attentes, mais au contraire de trouver quelqu'un qui témoignera d'un aspect négatif. Il sera attirant justement pour un aspect de lui qui devra blesser. L'autre est aimé, choisi pour soulager (mettre hors de soi) une mauvaise représentation de soi-même. Ainsi, quelqu'un perçoit plus ou moins confusément en lui une défaillance, une négativité, un aspect inacceptable — il se sentira soulagé de trouver quelqu'un qui aura plus visiblement cette défaillance. Il pourra alors tout à loisir (le temps de la relation) essayer à la fois d'entretenir et de juger cet aspect-là.

Dans cette dynamique, l'un aura à sa disposition, bien représenté, visualisé chez l'autre, ce qui lui paraît intolérable en lui, pour lui-même.

Tout l'équilibre de ce couple sera fondé sur la critique de ce comportement et les efforts faits pour l'empêcher de changer.

Si l'autre change, cela devient insupportable — la projection devient plus difficile et le renvoi à sa propre difficulté réapparaît.

Une confirmation fréquente de cette dynamique relationnelle est donnée par l'intérêt et le plaisir évidents avec lequel beaucoup de personnes parlent de quelque chose de gênant et d'inadmissible... chez les autres.

Dans certaines séparations, on verra se décompenser pour faire une dépression, un passage à l'acte, celui qui pourtant a souhaité la rupture, car, l'autre parti, il se trouve renvoyé à sa propre image négative... à moins qu'il ne noue aussitôt une autre relation.

Nous voyons donc que dans les choix amoureux qui président (souvent) à la formation d'un couple, on peut demander à l'autre :

- quelque chose comme une partie de soi-même (qu'on a été, qu'on voudrait avoir, qu'on n'a pas...) ;
- quelque chose comme le négatif de soi — la partie de soi que justement on récuse. « Sois celui que je ne veux pas être et que je peux ainsi rejeter, juger, agresser ou prendre en pitié. »

C'est un des ciments les plus solides de certains couples. Les couples qui se séparent restent souvent « aimants » et certains qui restent ensemble sont des couples « aimantés ».

CROYANCES ET MYTHES PERSONNELS

Un autre malentendu très fréquent au moment de la constitution d'un couple — de la décision de vivre ensemble —, c'est la croyance rarement exprimée et jamais assouvie de pouvoir satisfaire des désirs régressifs. Une demande de fusion, avoir l'autre à soi, pour soi. Comme pour retrouver le goût très ancien du paradis perdu de la symbiose initiale.

Être tout pour l'autre, qu'il soit tout pour nous et en particulier qu'il puisse tout comprendre, tout combler sans même que nous ayons à le demander : « S'il m'aime vraiment il doit sentir ce qui est bon pour moi. »

Nous le savons, nous l'avons eu, le grand rêve marital occidental, la grande espérance du couple est celle de cet état paradisiaque, dans lequel nous avons droit (sans même avoir à le demander) et aux soins maternels inconditionnels (garantis par l'amour de l'autre) et à l'affection toujours disponible, à l'amour gratuit et à la compréhension à toute épreuve, inusable, et au soutien et à la sécurité.

En résumé, en toute circonstance, le droit à tout ce qui nous a manqué dans notre propre famille soit parce que nous ne l'avons pas reçu, soit parce que nous n'avons pas pu ou su le recevoir.

Cet état doit nous combler, nous changer. Nous « arrivons » sur l'autre, dans l'autre, avec l'autre (et lui aussi parfois) avec toutes ces attentes. Le grand autre réparateur sera d'autant plus désiré, recherché et craint qu'il y a de manque.

L'état de dépendance imaginaire commence (et se poursuit). Et ça marche — car nous avons aussi beaucoup à donner pour montrer l'amour ou le demander.

La dépendance imaginaire sera combattue plus tard par la peur de perdre son identité ou la découverte qu'on l'a perdue en partie… ou beaucoup.

Ce qui s'était développé par la proximité, dans l'intimité d'un « nous » montré, offert aux regards des amis, de la famille, du monde, devient par trop menaçant pour l'identité de chacun. Certains partenaires ont alors recours à des intimités de substitution : le travail, le sport, l'activisme politique ou militantiste, ou encore le retour à la dépendance avec l'un ou l'autre des parents.

L'évolution de la dépendance imaginaire (mais bien réelle) s'effectue vers la méfiance.

Comment, en effet, pouvons-nous dépendre de quelqu'un tout en luttant avec lui pour savoir lequel des deux dominera l'autre ?

L'affirmation de J. Lacan sur l'hystérique peut s'appliquer souvent à cette phase de la dynamique relationnelle d'un couple et va constituer un des pièges les plus pervers, les plus douloureux, les plus malfaisants.

La voie de l'amour n'est pas nécessairement la voie du bonheur. C'est en particulier assumer l'amour et les risques qu'il comporte, comme la souffrance par le deuil fantasmatique que l'autre est différent, donc porteur d'un manque qui nous renvoie au nôtre.

2. Les choix dans un couple et les conflits qui en découlent

> *« Pour commencer à comprendre que le couple que je désirais depuis plus de vingt ans que Jean-François fasse avec moi n'était pas celui que moi-même je prétendais faire avec lui. »*
>
> Marie Cardinal

Le choix amoureux dépend d'un certain nombre de désirs conscients mais également de pulsions inconscientes : le partenaire est choisi aussi pour coopérer à des mécanismes de défense et répondre à des pulsions réprimées. Le choix peut se faire en référence aux images parentales ou par besoin narcissique de voir se réaliser dans l'autre une partie de soi-même.

Dans le coup de foudre (attirance spontanée), tout se passe comme si chacun devenait vital, indispensable à l'autre. Le raisonnement viendra après pour justifier le choix.

Pour se choisir, il faut des affinités qui vont s'établir en fonction des désirs et des défenses, que ces derniers soient conscients ou non.

Par exemple, certains vont choisir un partenaire qui leur « paraît rassurant » quand ils se perçoivent eux-mêmes insécurisés. L'insécurité ou la recherche de réassurance est en relation avec les images parentales. Le choix amoureux synthétise en un nouvel « objet total » l'ensemble ou une grande part des différentes relations « d'objet partiel » vécues par les sujets dans leur passé historique et notamment dans leurs premières relations objectales avec les images parentales.

Chacun va donc chercher et trouver en fonction de ce qu'il désire ou de ce qu'il craint.

Il y a les *mythes personnels* qui structurent une relation. Ils sont de véritables axiomes — par exemple : *l'amour est dangereux, il y a toujours de la souffrance au bout.* De nombreux hommes et femmes se présentent dans la relation avec ces prémisses.

« Il ne sera pas question d'amour entre nous. »
« Surtout ne deviens pas amoureuse de moi. »
« Restons libres de nos sentiments. »

Oui, j'ai besoin de ton regard sur moi
mais j'ai besoin aussi
d'une parole à moi.

Ou encore :

« Je n'aime pas les femmes qui font des chichis, qui sont trop féministes, toi tu n'es pas comme ça. » Autrement dit: « Sois comme un homme et tu resteras ma femme. » Ainsi, bien plus tard, quand elle s'est acceptée comme femme, elle a aussi accepté de le perdre.

Il a vécu en luttant constamment contre certaines tendances (il s'en défend). Il va chercher une partenaire qui représente l'idéal de soi (de lui-même) qu'il a du mal à atteindre.

Parfois encore, le choix va se faire pour que l'autre apporte la satisfaction de tendances jamais assouvies.

Issu d'une famille rigide, il a un désir d'évasion, de liberté, et recherche quelqu'un qui lui apportera cela. Mais en même temps, il résistera, car cela risque d'être trop anxiogène.

Le choix peut se faire en fonction de désirs œdipiens plus ou moins résolus. Cela veut dire, par exemple, rechercher un père ou une mère, ou quelques qualités d'un père ou d'une mère. Cela peut s'établir de façon inverse également, en recherchant un partenaire trop tolérant si on a ressenti sa mère ou son père comme rigide.

Tout cela sera vécu à travers des processus dynamiques complexes et en relation avec des tendances narcissiques profondes. La vie de couple sera le lieu privilégié d'expression des tendances archaïques et névrotiques de la personnalité. Cela ne veut pas dire que le cadre de la vie « en couple » crée ou renforce ces tendances — bien au contraire parfois —, mais il en favorise l'expression par une restimulation permanente.

> *« On épouse la personne qui se présente quand on est le plus vulnérable. »*
>
> K. Berwick

Dans la phase initiale du couple, les partenaires peuvent opérer un clivage : il y a d'un côté les bons « objets » (eux) et d'un autre côté les mauvais « objets » (le monde extérieur à eux, les autres). Le couple a tendance à s'isoler, à se « coconner » et à idéaliser sa relation. « Ils sont tellement proches que je ne peux m'approcher. » Dans les phases précritiques, le couple peut se « retrouver », se resserrer en scotomisant les signes de différence : « J'ai mis longtemps à accepter les différences entre elle et moi, et plus encore à ne pas vouloir les combler à tout prix. » Éventuellement en niant leurs besoins réels, leurs aspirations et leur malaise. « Que rien ne change entre nous » est un appel à une fausse sécurité, une négation de l'évolution inévitable et souhaitable. Si la crise se fait jour (un événement, une circonstance extérieure l'y ayant aidée), l'objet d'amour va se révéler décevant. L'un et/ou l'autre peuvent accepter de découvrir des changements en eux-mêmes : « Je ne suis pas comme tu me vois », « Je n'apprécie pas ce que tu crois bon pour moi », « Mes besoins ne sont point immuables ». « Je suis ailleurs du lieu, du temps où tu crois me voir. »

L'insatisfaction qui peut résulter de l'évolution d'un partenaire entraîne souvent l'expression de pulsions, de conduites agressives envers l'autre (qui devient mauvais objet car frustrant) et envers soi-même par blessures narcissiques entraînant parfois des réactions psychosomatiques, une dépression et une autocritique plus ou moins dévalorisante.

Si Marie sent que Jean n'est plus satisfait de ce qui le comblait auparavant, qu'il aspire « à autre chose », elle se sent frustrée, dévalorisée et peut réagir en étant agressive. Il la frustre, donc il est mauvais. Mais en même temps, elle se fait des reproches, elle est blessée dans son image. Elle se trouve elle-même insatisfaite. La psychosomatisation ou la dépression seront l'agressivité retournée contre elle-même. Elle ne lui plaît plus, donc elle ne se plaît plus et n'a plus de valeur. Une crise d'identité et une recherche peuvent s'ensuivre.

Pendant ce temps, la communication peut se réduire, le couple ne fait que survivre, ou bien se produit l'escalade des silences et des agressions haineuses. Car il est difficile de se dire et d'accepter que l'on n'est plus satisfaisant pour l'autre, ou moins totalement présent pour l'être choisi.

Un travail de « deuil » peut s'amorcer, au cours duquel l'un et/ou l'autre vont démystifier l'image qu'ils s'étaient faite du partenaire en expérimentant cela comme la « perte de l'objet aimé », ce qui se fera souvent dans la solitude, la souffrance, et à travers des crises plus ou moins destructurantes.

« J'ai mis longtemps pour partir à la recherche de ma différence, piégée dans la semblance de l'autre », disait cette femme de trente-huit ans.

Ces expériences peuvent être facteurs de maturité. En se distanciant de l'autre, en se différenciant, chacun découvre son altérité, ses possibilités d'autonomie affective, de moindre dépendance.

L'issue des crises de « désillusion » est variable :

- Certains se séparent, se font mal, en gardent des blessures profondes, des sentiments d'échec ou de revendication.
- D'autres peuvent tirer de la séparation des bénéfices : ils se redéfinissent, affirment une identité « autre », « nouvelle » ; ils révèlent des vulnérabilités et des aspects d'eux-mêmes insoupçonnés ; ils se découvrent des ressources, des possibilités de vie « différente », et s'en trouvent stimulés.
- D'autre tiennent à faire durer le couple, malgré sa mésentente. Ils réduisent la communication (hibernation) et/ou aménagent des satisfactions extérieures (compensation, sublimation dans le travail, les sports, d'autres relations).
- D'autres annulent toute communication, passent leur insatisfaction dans l'alcool, dans les détails ménagers et sur les enfants, et quand ceux-ci peuvent enfin s'en aller, « ils restent seuls à crever, bien avant de mourir ». Mais sans jamais s'avouer que leur couple est un cercueil. Ni même qu'il pourrait y avoir de la vie entre eux.
- D'autres encore vont développer et combiner en d'infinies possibilités ces quatre termes :

Expression.
    Répression.
        Régression.
            Dépression.

à travers des conduites et des jeux relationnels d'une incroyable richesse, mais trop souvent morbides.

• D'autres utilisent la crise pour renouer, créer des liens sur des bases nouvelles dans leur couple. Chacun des partenaires parvient à se remettre en cause, à clarifier notamment ses conflits avec les images parentales internalisées. Cette réorganisation de la vie du couple demandera beaucoup de temps et de peine. L'un et/ou l'autre, grâce à un assouplissement de leurs défenses, pourront reconnaître en eux des désirs inavoués, des peurs fantasmées qu'ils projetaient sur l'autre.

De nouveaux modes de communication pourront être trouvés et vécus avec moins d'angoisse. Par exemple, il sera possible d'exprimer les refus ou les fantasmes sexuels sans provoquer rejet ou blocage. Des échanges sexuels corporels et matériels plus ou moins interdits ou inconnus jusque-là seront à réinventer.

Les crises sont inévitables, elles sont graves si elles ne sont pas reconnues, elles peuvent être bénéfiques lorsqu'elles amènent réorganisation du couple et plaisir nouveau... jusqu'à la prochaine crise.

La vie de couple peut se comprendre, comme toute existence d'ailleurs, comme une succession de crises allant du conflit ouvert à la séparation, de l'affrontement à la remise en cause, avec, dans les meilleurs des cas, des plages, des paliers de plénitude, des temps de créativité et d'enthousiasme.

> *Quel gâchis d'amour parfois, car l'un aime l'autre et l'autre l'aime aussi, mais tout cela se fait dans une sorte d'incompréhension totale, une méconnaissance absolue de la demande réelle. Et si cela est dramatique, c'est parce que c'est quasi inévitable.*
> *Ça se passe comme ça.*

Elle m'aime,
j'en suis sûr.
Mais m'aime-t-elle vraiment ?
Suis-je bien celui-là ?

3. Quelques-uns des malentendus qui président à la formation du couple

Il y a quelques années, dans l'émission intitulée « Un homme, une femme » et animée par les docteurs Meignant, Bernard et Dumayet sur Europe n° 1, les couples interrogés sur « Pourquoi avez-vous décidé de vivre ensemble, de vous marier ? » répondaient avec simplicité « Nous nous aimons, je l'aimais, il m'aimait... ».

L'amour et les sentiments qui s'y rattachent sont au-delà du plaisir, de la vitalité, de la foi ou de la sécurité, la source d'innombrables « duperies », « malentendus », parfois même de « perversions relationnelles ».

Les sentiments et les dynamiques relationnelles se développent souvent sur des registres différents, parfois opposés.

> *« Quelquefois, quand je suis avec toi, c'est moi. Parfois, ce n'est pas moi, je suis ailleurs.*
> *Comment peux-tu le savoir et m'aimer là où je suis ?»*

Les fantasmes sont terriblement individualistes, ils rejoignent rarement ceux de l'autre.

L'amour est complexe, ambigu, et le discours qu'il tient ne le révèle pas toujours [1].

---

1. Voir (et lire surtout) le merveilleux *Fragments d'un discours amoureux* de R. Barthes (Seuil).

Il y a tout ce pouvoir de bonheur et de malheur
que chacun a sur l'autre... de façon inégale.

« Je t'aime » peut vouloir dire   ___   « Aime-moi » ou « Je désire
être aimé par toi »;
« Je t'admire, tu me fais envie » ___ « J'ai peur d'être seul »;
« J'ai pitié de toi »   ___ « J'existe »;
« J'aimerais pouvoir m'aimer » ___ « J'ai besoin de toi »;
« Je voudrais te changer »   ___ « Tu me fais tellement peur
que je préfère te séduire »;

et mille autres choses encore. Mais, de toute façon,

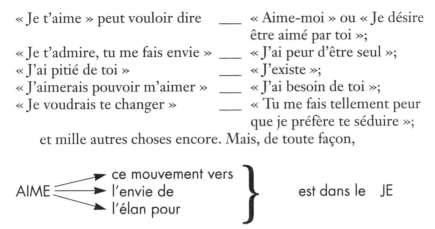

reste à savoir vers QUI, représenté par T' (ce sera l'objet), POUR
QUOI (ce sera l'enjeu).

Une très belle chanson de P. Tisserand dit: « Et ces cons de je
t'aime qui commencent par Je... nous devrions dire tu es aimée... »

> *On dit d'une plante qu'elle aime telle terre quand elle s'y développe avec harmonie.*

> « *J'ai tellement besoin d'être apprécié, de me sentir bon et d'être vu comme bon aussi, que je sais mal doser mes réponses aux tentatives de séduction, aux attentes et aux demandes. Ainsi, quand c'est peu réciproque, je donne trop, par culpabilité, par narcissisme, et je piège l'autre et moi-même en lui laissant croire que j'ai plus que je ne peux donner.* »

Pour Claude Roy, dans le *Verbe aimer*[1], je vous aime peut
vouloir dire :

---

1. C. Roy, *Le Verbe Aimer*, Gallimard.

Je désire me prouver à moi-même que j'existe en présentant pour vous un sentiment violent.

Ou : je désire vous caresser, vous toucher, vous embrasser, vous donner du plaisir.

Ou bien : je désire que vous me caressiez, me touchiez, m'embrassiez, me donniez du plaisir.

Ou bien : je désire m'assurer de ma valeur en étant aimé par vous.

Ou bien : je désire être subjugué, anéanti, humilié par vous pour me reposer de la fatigue d'être moi. Ou bien : je désire vous écraser, vous humilier, vous faire mal pour exalter mon moi et me rassurer sur mon pouvoir.

Ou bien : j'ai besoin d'un partenaire, d'un associé, je désire conclure un marché, je vous offre ceci, vous m'apportez cela, topons là.

Ou bien : j'ai envie de faire un placement, et j'investis en vous un capital d'affection, de soins et d'argent qui me rapporte un intérêt.

Ou bien : j'ai besoin de retrouver ma mère (ou mon père), et c'est ce que vous pouvez être pour moi. Ou bien : j'ai besoin d'un prétexte pour vibrer, m'exalter, souffrir mille morts, m'inventer mille délices, vous serez ce prétexte (si je t'aime, est-ce que cela te regarde ?).

Je vous aime prend aussi le sens de :

j'ai à vaincre un sentiment de culpabilité, à combattre des complexes d'infériorité, et vous idolâtrer va me libérer. Ou bien : je n'aime pas faire la vaisselle et passer les soirées seul, vous serez là. Ou encore : un être à torturer, qui me torture aussi, m'est indispensable; soyez mon partenaire dans cet exercice.

Cela peut aussi signifier que celui qui dit « je vous aime » aime vraiment l'être à qui il le dit.

Nombreux sont les visages et les langages de l'amour.

Il faudra se rappeler aussi que l'amour commence souvent par un silence et qu'il cherche à se survivre par des démonstrations, des déclarations, des réassurances...

« Qu'est-ce que tomber amoureux ? C'est l'état naissant d'un mouvement collectif à deux.[1] »

---

1. Francesco Alberoni, *Le choc amoureux*, Éd. Ramsay.

Francesco Alberoni, sociologue milanais, a démythifié la con-fusion que nous voulons maintenir entre l'état naissant de l'amour et l'amour. Il nous montre, en des pages très belles, très denses, quelle est l'erreur de l'amoureux qui attribue l'expérience extraordinaire qu'il vit aux qualités de l'être aimé. Celui-ci n'est pas différent des autres humains. C'est bien la nature des rela-tions qui s'établissent entre deux êtres, la nature de l'expérience unique vécue avec l'autre qui rend différent et extraordinaire la personne aimée et qui, durant cette période de l'amour naissant, va rendre ces deux êtres (s'il y a réciprocité) différents et extra-ordinaires.

En séparant ce qui était uni et en unissant ce qui était séparé par la création d'un nous, l'amour naissant va tenter de s'institu-tionnaliser dans une vie de couple. Ce temps particulier de l'état naissant va constituer l'unité de mesure, l'étalon auquel le couple se référera pour parfois justifier son existence.

L'état naissant va constituer aussi un des pôles de contradiction amoureuse, lequel se traduira en termes relationnels, plus tard, par des malentendus. L'état naissant tend vers la fusion; nous voulons être aimés comme êtres uniques, extraordinaires, irremplaçables et uniquement pour nous-mêmes. « Je veux être aimé justement pour ma différence d'avec tous les autres, pour ma spécificité propre, parce que je crois qu'elle est indispensable à l'autre. »

Et dans le même temps naît le germe d'une lutte, d'un affron-tement possible (pas toujours réalisé au début), alors que nous sommes amenés à réviser l'image que nous avons de nous-mêmes pour adopter le point de vue de l'être aimé (en croyant ainsi mieux gagner son amour).

« Ainsi chacun tente-t-il d'imposer à l'autre sa propre vision, ses jugements et ses choix, mais aussi tente-t-il de se transformer pour plaire à l'autre. »

F. Alberoni ne se hasarde pas à dire ce qui se passe après l'amour naissant, ni comment se fera ou se défera le périlleux équilibre relationnel. Le couple, en s'institutionnalisant, va tenter justement de maintenir, d'inventer un chemin entre des besoins aussi contradictoires que la tranquillité, la sécurité et le renouveau, l'extase, entre le maintien de l'idéalisation, de l'étonnement néces-saire et la déception, entre le tourment, l'interrogation et les certitudes, les habitudes. Bien sûr, la vie quotidienne est porteuse d'incompréhension et de frustrations dans son pôle négatif, mais elle porte aussi la satisfaction et la sécurité dans son pôle positif. Si la rencontre amoureuse est fondée sur l'extase, le sentiment de complétude — pôle positif — mais aussi sur le tourment et les doutes — pôle négatif —, le couple va se constituer fréquemment sur le mythe suivant : vouloir réunir les deux pôles positifs — sécurité et extase — et nier les deux pôles négatifs — déception, incompréhension et tourments. Ce mythe constitue un lien puissant que nous pourrions résumer ainsi :

> « Dans la vie quotidienne, on désire l'extraordinaire ; et dans les moments extraordinaires le quotidien.
> Dans le quotidien on désire l'extase, dans l'extraordinaire la tranquillité. »

Ces deux désirs irréalisables simultanément s'additionnent alors et constituent le fondement de la mythologie des contes de fées « et ils vécurent heureux et tranquilles ensemble ».

Vivre en couple c'est donc prendre le risque terrible d'institutionnaliser des sentiments, de structurer une relation, de développer des systèmes pour échapper aux contradictions. Cela se fera par toute une succession d'épreuves à traverser — épreuves imposées à nous-mêmes, à l'autre par l'autre et par l'environnement. L'échec ou l'évitement de ces épreuves entraînent le renoncement, la pétrification ou l'hibernation des relations et souvent le « désamour ». La rencontre de ces épreuves, leur prise en compte dans la relation et leur dépassement développent une vitalisation, une re-élaboration de la vie en couple.

Une relation de confiance, régie par le plaisir du don, la gratuité de l'élan et les inventions de la tendresse, devient insurrection dans une vie d'habitudes.

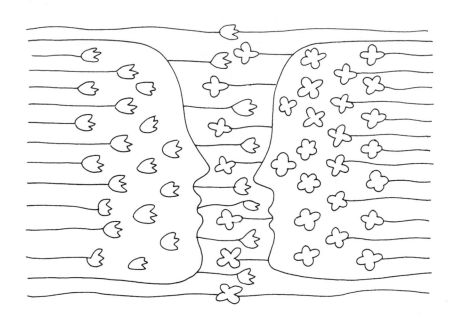

Entre l'abandon et la demande, il y a
tout le malentendu de la guerre des sexes.

II. Vivre en couple

Contre la solitude réelle
Contre la solitude inéluctable
Il ne semble pas y avoir dans notre société
d'autres solutions que celle du couple.
Mais c'est une solution insuffisante,
souvent trop imparfaite.
Tout est encore à inventer...

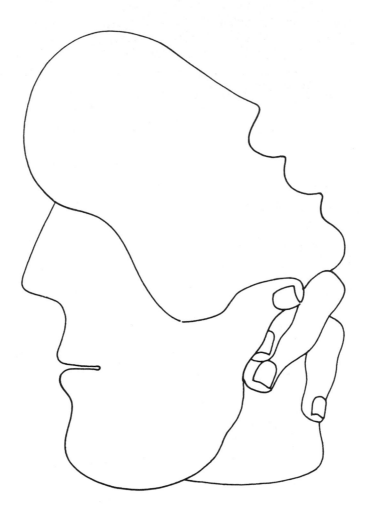

Il y a dans la solitude une dose de liberté à laquelle on
se refuse toujours de croire tant qu'on ne l'a pas perdue.

Le vivre en couple est chargé dans notre culture d'un tel investissement, au départ, que cela est assimilé souvent à la possibilité de trouver le bonheur — et de le « posséder » dans la durée.

Ne parle-t-on pas de « refaire sa vie » après un divorce ou un veuvage, comme si vivre sans partenaire n'était pas vivre.

Cette idéalisation de la vie à deux sera source de déceptions, car la réalité de la vie en commun ne correspond jamais aux rêves qui précèdent ou qui suivent la rencontre.

> *Le bonheur est un état à la fois éphémère et permanent.*
> *Éphémère quand nous le rencontrons, mais nous le traver-*
> *sons parfois si vite que nous ne le reconnaissons pas.*
> *Permanent, car à l'état de potentialité il est partout, comme*
> *l'oxygène dans l'air.*

Les contes de fées qui « finissent bien », après toute une série d'épreuves et d'initiations diverses, se terminent par un mariage... ils ne disent jamais la suite. Quoique parfois cette « suite » soit apparente en filigrane dans le vécu des bons et des méchants qui circulent dans le conte.

Le couple, quasi sanctifié, sera présenté comme source d'identité et de bonheur. Il sera vécu comme le lieu de la réussite, de l'épanouissement, du sens à la vie. Ce sera le lieu où pourront se compenser les frustrations, mais aussi se diluer les inquiétudes, se réduire les déséquilibres. Le couple, dans cette hypothèse, se présente comme une réponse compensatoire.

Cette attente de bonheur est fondée sur un fantasme de complétude et non pas sur l'observation de la vie

Rares sont ceux qui peuvent dire que le « vivre en couple » de leurs parents représente pour eux un mode idéal. Certains couples se fondent d'ailleurs au départ sur les prémisses du « je ferai différemment d'eux ».

Beaucoup tentent actuellement d'être plus lucides (dans une sorte de prévoyance du risque) et pour eux, vivre en couple sera une tentative de cheminer ensemble, d'avancer dans la même direction, de s'engager dans une relation de compagnonnage (partager le pain). Cela implique aussi partager les plaisirs et les déplaisirs, les réalisations et les risques. Tout cela dans la régularité et la durée.

Le couple se projette au départ comme un lieu d'échanges, de partage d'intimité et de croissance. Un lieu de sécurité et de satisfactions mutuelles. L'image ainsi créée est vue comme globalement gratifiante pour chacun des membres du couple. Ce qui domine c'est l'apport, le « plus » comme résultante de l'addition de deux potentialités: « J'ai quelque chose en plus », « Je ne suis plus le même ».

L'attente porte à la fois sur la ressemblance — trouver une âme sœur — et sur la différence — avoir ce que je ne suis pas, un homme, une femme. « J'attends de toi ce que je n'ai pas. »

C'est ce que, parfois, l'autre n'a pas non plus — s'il ne se sent pas homme, si elle ne se sent pas tout à fait femme.

Et chacun prend le risque d'attendre, d'espérer l'impossible[1]. Cette attente implicite sera à l'origine de nombreuses frustrations dans la communication. « Tu n'es pas comme je t'avais vu. »

C'est après la rencontre que vient le temps de la différence — des différences difficilement admises. Se comprendre ensemble pour se découvrir autre.

> *Au temps de la rencontre succède vite le temps de la durée.*
> *Après le temps de l'éphémère, de l'improvisation, de l'invention vient celui de la répétition aveugle et grise.*
> *C'est tout le temps de la rencontre qu'il faudrait retrouver dans celui de la durée.*

Jean Barois résume ainsi ce qu'il a douloureusement appris: « Les femmes sont différentes. » Marie l'a déçu…

Pour moi, la relation de couple sera avant tout une relation d'espérances, fondée sur des attentes mutuelles, comblées ou non. Dans laquelle un seuil minimal de satisfaction sera nécessaire pour maintenir le couple… en VIE.

En effet, au-delà de la rencontre, au-delà du partage et de la mise en commun, l'existence même, la croissance du couple dépendront du degré de satisfaction obtenu de l'autre par chacun. Et surtout de la reconnaissance et de la satisfaction de ce que chacun estime être ses besoins fondamentaux.

---

1. C'est le merveilleux de l'amour d'espérer l'impossible et parfois de le rencontrer.

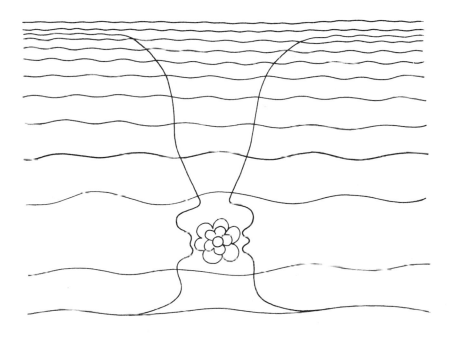

Communication... un espace de possibles entre l'irré-
sistible besoin de la rencontre et l'inéluctable évidence
de la séparation.

1. La relation de compagnonnage

> « *La réalité peut être merveilleuse, même si la vie ne l'est pas.* »
>
> Liv Ullmann
>
> *La vie peut être merveilleuse… même si la réalité ne l'est pas.*

La vie quotidienne vécue ensemble est aussi faite de beaucoup de détails pratiques enchevêtrés et répétés. Que ce soit en couple, en communauté, en équipe de travail. Les aspects matériels du vivre ensemble peuvent soulever des réactions passionnelles.

Les réactions de frustration, de colère ou les sentiments de gratitude sont excessifs, démesurés par rapport à la réalité de l'élément déclencheur.

« Qu'est-ce qui est touché en moi?
Qu'est-ce qui me heurte tellement si je ne retrouve pas à leur place le dentifrice, le tube de colle, la casserole ou les clefs que j'avais rangés ? »

Dans la vie relationnelle d'un couple, ce qui frappe l'observateur extérieur, c'est que tout paraît disproportionné, les ressentis sont en effet fondés sur les intentions attribuées à l'autre plus que sur les faits eux-mêmes.

« Pendant que tu parlais avec nos amis tu me tournais le dos, je sentais bien que je n'existais pas pour toi, ma conversation ne t'intéresse pas. »
« Je ne comprends pas (et n'accepte pas) qu'il ne parle jamais de ce qu'il vit en dehors de moi. »

Je me trouve mesquin lorsque j'attribue tant d'importance à des détails dont la banalité ne retiendrait pas l'attention dans une autre situation. C'est pourquoi je m'exprime souvent de façon indirecte, par des silences, par des mimiques, par des gestes d'irritation, des allusions, des raccourcis que l'autre me comprend pas toujours. Il y a aussi l'espoir, souvent déçu et toujours renouvelé, que l'autre me comprenne sans que j'aie besoin de dire.

« S'il m'aimait réellement, il devrait comprendre ceci... ou cela...

« Si je ne suis pas moi-même, qui le sera pour moi ?
Et si je ne vis pas pour moi-même, qui vivra pour moi ? »

Hillel

Cet espoir, comme la peur d'être mesquin, nous amène parfois à un dialogue de sourds (il n'est pire sourd que celui qui entend, disait ma grand-mère).

Jean: Je ne veux pas inviter les Machin, c'est trop moche chez nous.
Marie: Mais c'est égal, si nous les invitons, ce n'est pas pour faire admirer notre intérieur.
S'ils n'avaient pas parlé seulement par allusions, ils se seraient peut-être compris.
Il aurait pu dire :
« J'aurais voulu qu'il te tienne plus à cœur d'embellir notre maison. J'ai dû sacrifier mon désir d'avoir une jolie maison à ton envie de travailler, à ton engagement social... » ou encore:
« Ma mère savait cuisiner, mettre des fleurs ou de belles tables, elle ! »
Elle aurait pu dire :
« J'ai dû sacrifier mon envie d'avoir une belle maison, parce que tu milites au syndicat et que tu as créé cette entreprise passionnante mais toujours déficitaire. Je dois travailler, j'ai peu de temps et je ne peux pas transformer en un lieu accueillant un appartement dont tu t'acharnes à faire une imprimerie et un entrepôt. »
Ils n'ont rien dit de tel, ils n'ont pas invité les Machin, et quinze ans plus tard, ils découvrent qu'ils auraient pu « aménager » leur écoute mutuelle et négocier mieux les désirs de chacun.

Comprendre l'intention de l'autre suppose tout un travail de clarification des sentiments *in situ*, dans lequel l'ambivalence, les non-dits, le ressentiment vont jouer un rôle de frein et d'obstacle considérable.

Et cela d'autant plus que chacun n'est pas clair sur lui-même, sur ses motivations et sa dynamique inconsciente.

Le dialogue réel[1] entretenu sera source de découvertes sur soi-même autant que sur l'autre, à la lumière des incidents du quotidien.

> *« En ne voulant pas lui faire de peine, je lui ai fait beaucoup de mal. »*
> *Il ne paraît pas possible de faire l'économie de la souffrance qui naît dans toute relation amoureuse. L'équilibre à atteindre serait de ne pas l'entretenir, de ne pas la nourrir.*

---

1. Nous entendons par dialogue réel un échange qui sera susceptible de prendre en compte le niveau de l'imaginaire, celui du symbolique et celui de la réalité reflétée par les signes usuels d'une culture donnée.

> *Ne pas faire payer trop cher à l'autre l'amour qu'on lui donne.*

2. Vivre la vie quotidienne ensemble

C'est vivre et confirmer des affinités. C'est en rechercher de nouvelles. C'est partager un territoire d'espaces et un territoire de temps.

S'il y a des enfants, cela renforce la nécessité d'un domaine partagé, d'une responsabilité commune[1].

Les tâches ménagères prennent beaucoup d'importance, car elles deviennent le symbole d'un rôle et d'un statut. C'est pendant les premières semaines de vie commune que s'installent les habitudes et les responsabilités ménagères. Les traditions sociales attribuent ce domaine à la femme, et le partenaire qui aide se sent magnanime. Souvent, dans ce domaine, l'homme vit en plein leurre: « il aide », « il participe », mais il *ne partage pas* comme le souhaiteraient de nombreuses femmes.

Si les rôles de l'homme et de la femme peuvent devenir flexibles et interchangeables, les travaux quotidiens retrouvent leur importance secondaire. Ils sont alors dégagés de l'énorme charge affective qui en fait parfois un champ de bataille.

La femme qui travaille se sent souvent obscurément coupable de ne pas tenir aussi le rôle de celle qui consacre son temps à rendre le foyer accueillant. « C'est moi qui me charge quand même des tâches ménagères, car j'ai choisi de travailler, je n'y étais pas obligée. Mon mari a accepté mais *il ne faut pas que cela lui pèse*, qu'il donne de son temps pour faire la vaisselle, il a bien d'autres choses à faire. »

Mais chacun des membres du couple a besoin aussi d'un espace réservé. Ce sera par exemple un lieu réel (chambre, atelier) ou même simplement une table, une armoire, un tiroir *qui soit à lui* et non à eux.

---

1. Là aussi il conviendrait d'éviter la confusion du faire ensemble et du faire en commun, qui sont deux démarches différentes. Il peut aider à étendre le linge, à mettre la table, à cuire le repas (faire ensemble). Mais il peut prendre en charge la lessive ou le repas, pendant qu'elle fait tout autre chose (faire en commun).

D'un espace psychique sur lequel les attentes de l'autre n'ont pas de prise.

D'amitiés qui ne soient pas forcément vécues en couple.

De loisirs ou d'intérêts qui lui appartiennent.

De temps pour lui — sans avoir à « rendre compte ».

Il existe trop souvent un risque de confusion, de collusion, entre ce qui est commun et ce qui est réservé.

« Ce qui est à toi est à moi. »
« Je te fais supporter ce que je supporte. »
« Puisque j'ai été pollué, déçu, tendu, tu dois l'être aussi. »
« Je ne peux plus aller camper pendant un week-end car elle n'aime pas dormir sous la tente. »

Le malentendu dépend souvent de la façon dont s'expriment (ou ne s'expriment pas) ces divers besoins. Les tensions naîtront de la difficulté à reconnaître les différences vécues comme trop séparatrices.

Pour parler du temps réservé, l'un dira :

« J'ai besoin de temps à moi. »
« J'ai besoin d'être seul. »
« J'ai besoin de faire ce que je veux. »

Ce qui peut être entendu comme une exclusion, un isolement par l'autre.

Le temps commun n'est pas considéré en termes d'envie d'être ensemble, mais comme du temps dû, qui « appartient » de fait à l'autre.

« Que tu dois me consacrer. »
« Parce que je suis ta femme, ton mari. »
« À quoi ça sert de vivre ensemble si… »

Combien de dimanches sont voués à l'échec quand ils commencent par : « Alors qu'est-ce que nous faisons aujourd'hui ? »

Les tentatives d'envahissement, de récupération peuvent se situer dans la plupart des domaines de la vie quotidienne :

- la nourriture[1] ;
- l'argent donné, reçu, dû ;
- le courrier ;
- les sentiments ;

- les objets ;
- les goûts et les intérêts ;
- la sexualité, bien sûr ;
- les enfants[2] , etc.

« ...Quand quelqu'un parle de sa vie privée, j'ai souvent envie de demander "vie privée de quoi ?" »

L. Schorderet

Vivre la vie quotidienne, c'est prendre le risque de voir s'installer des *rituels* dans un climat de conventions implicites.

LE COUCHER

Je vous invite à vous « regarder » vivre dans cette situation. Quels actes, quels gestes, quelles paroles se répètent, structurant ainsi ce moment au risque de le dévitaliser de toute spontanéité, de toute fantaisie... ?

Qui occupe la salle de bain ?

Qui se couche le premier ?

Qui éteint la lumière ?

Qui dort à gauche ? Qui dort à droite ?

Qui prend les initiatives et dans quel domaine?

Le coucher, qui préside au long voyage de la nuit — presque un tiers du temps de la vie... —, aux langages des corps (proximité, retrait, rythmes, odeurs, rêves, chaleur...).

Le coucher, qui reste pour beaucoup l'amorce du cérémonial et des approches sexuelles...

---

1. Il a un jour aimé le lapin aux pruneaux... et pendant des années, il verra revenir ce lapin, symbole d'un plaisir qu'il n'a plus depuis longtemps.

2. Dr Jean Lemoine : *Les thérapies de couple*, P.B.P.: « Dans l'interaction des deux parents, là où une blessure mal cicatrisée laisse sourdre, à travers la souffrance du couple, le ferment d'une insatisfaction projetée sur l'enfant, objet des désirs frustrés des conjoints (des partenaires)... »

LE LEVER

Quels gestes, mimiques (bouche amère ou sourires, regard morne et vide ou pétillance de l'œil posé sur vous…), quelles paroles sont prononcées ? Ah ! l'importance des premières paroles au réveil ! Comme un élan, un tremplin vers un jour à vivre !

Essayez d'imaginer la journée qui commence par :

« Tu n'as pas sorti le rôti du congélateur, il ne sera jamais cuit à midi ! » ou encore : « Je ne sais pas ce que j'ai encore ce matin, je me sens tout constipé. »

> *«En troquant mon droit à l'existence contre son approbation, en me niant pour lui dire oui, alors que tout en moi crie furieusement non. »*

L'ARRIVÉE, LE RETOUR AU FOYER DE L'UN ET L'AUTRE

L'accueil, c'est l'abandon, l'ouverture, l'invitation à être. Par quelle parole, quelle attitude accueillons-nous l'autre ?

« Je suis vidé, j'en peux plus ! »

« C'est à cette heure-ci que tu arrives ? »

« Tu sais ce qu'a encore fait Jeannot ce matin ? »

Combien de soirées gâchées seront le prix à payer d'une « non-rencontre », d'une « non-communication » liée à l'accueil ?

LES REPAS

Les repas et leur préparation sont-ils :

- Un lieu de circulation de nourriture, de récupération d'énergies, de création ?
- Un espace de communication ?
- Un lieu de paroles ?

ou

- Un no man's land ?
- Une guerre de tranchée ?
- Une rumination ?

> « *Qui écrira un jour sur l'anorexie relationnelle des "bouffes conjugales" !* »

Au restaurant, aujourd'hui, il devient aisé de reconnaître un couple « installé », ils ne se parlent pas... ils mangent.

Cette demi-boutade est facile à vérifier... même si elle choque dans un premier temps.

> *Le mot « quotidien » a pour sens originel super-essentiel, le savais-tu ?*

Quand un des quatre supports nécessaires à la vie en couple manque, la communication sera douloureuse, voire inexistante.

Ces quatre supports sont pour moi :

• *le plaisir partagé* dans le donné et l'accueilli, l'offert et le reçu;

• *la complicité*, c'est-à-dire ce degré de tolérance, de compréhension immédiate, d'intelligence spontanée de l'autre mêlé à la bienveillance, au non-jugement;

• *la sécurité* à court terme, liée au respect des engagements, à la capacité de relativiser les incidents (dédramatisation);

• *le projet*, la capacité d'aller au-delà du désir[1], d'inventer ensemble un avenir accessible, concret, préhensible pour les deux.

> *Des regards, des sourires et des gestes qui disent plus que des mots encore à inventer.*

---

1. Il n'est pas rare de constater que l'un des partenaires reste au niveau du désir, de l'imaginaire en termes de souhait, de regret, d'amertume, d'insatisfaction ou d'échec. « Je voudrais faire ceci, si j'avais pu seulement faire cela, j'aurais dû... » sans jamais pouvoir traduire ce désir en projet, en le posant visible, concret.

3. *La communication non verbale*

La communication non verbale devrait être importante, essentielle, toujours renouvelée dans un couple.

Et pourtant…

LE REGARD

Nos yeux sont des moyens de communication privilégiés. Ce qu'ils disent/ne disent pas peut aussi être source d'interprétations plus ou moins fausses.

Par exemple : l'un voit le regard de l'autre comme réprobateur, reprochant, froid, et il se sent aliéné, sans possibilité de s'exprimer.

Depuis quand n'avez-vous pas rencontré le regard de l'autre et accepté de vous laisser aller dedans ?

Jouez-vous encore dans ses yeux ? Quelles couleurs ont-ils aujourd'hui ?

Pensons encore aux messages transmis par le corps et les multiples langages qu'il utilise pour parler et se taire.

RÉACTIONS PHYSIOLOGIQUES

Le langage du corps « parle » beaucoup : rougeur, sueur, tremblements.

La respiration et le cœur qui cogne à certains moments quand l'autre dit ou ne dit pas…

La respiration est souvent ce qui est le plus atteint, blessé, étouffé, dans les relations à dominante affective (oppression, blocage, hypertension…).

Certaines attitudes de retrait, de « cécité », de « surdité », « d'insensibilité » semblent exprimer la non-acceptation ; cette insensibilité apparente fera penser à l'un que l'autre:

« ne résonne pas aux mêmes stimulations » ;
« n'a pas vu ou entendu » ;
« n'est pas intéressé ».

Et tout cela renvoie au silence, à la solitude, à la violence du non-dit.

> *Ce qui n'est pas autorisé est vécu comme interdit.*

LES CARESSES

Que disent-elles ?
Qu'oublient-elles ?
Que réveillent-elles ?
Ton corps, mon corps, est-il encore habité par mes mains, par tes mains ?

Les somatisations diverses, bénignes, subtiles (les accidents, etc.) ou brutales sont des langages très utilisés dans certains couples. C'est faire passer dans son corps, par son corps, toute la détresse inavouée, le désarroi caché, les peurs morales, les plaisirs culpabilisés, les désirs entrevus et tués à bout portant.

LES SOURIRES

Sont-ils encore ces soleils qui transforment l'univers ?
Ces repères qui jalonnent notre compréhension, notre complicité ?

« Ce matin devant le miroir de la salle de bain, j'ai trouvé que nous étions beaux tous les deux. Et puis tu t'es retourné, je t'ai regardé plus intensément. Et soudain je ne nous ai plus vus. Tu te préparais à partir... »

Et chanter
et rire... et pleurer d'abandon, se laisser porter.
La richesse des émotions qui peuvent transfigurer n'importe quel individu, l'ouvrir, le révéler, devient en couple un handicap, comme un obstacle à écarter :

« Je me suis fermée quand je l'ai vu pleurer. »
« Je n'ai jamais pu être moi-même avec elle, avec lui. »
« J'ai vingt ans de rire en retard... »
« Je ne supporte pas quand il s'abandonne comme ça comme un bébé. »
« Je n'ai jamais osé lui montrer ma souffrance et pleurer encore moins. »

Et quand même toujours espérée :

« L'attente des mots qui déchireraient le silence et la haine,
qui feraient " chaud au cœur "
qui réconcilieraient les bords de la souffrance… »

Retrouver la parole émotionnelle, par l'intermédiaire des vibrations, des sonorités, des rythmes de notre voix, de nos gestes. Agir notre énergie dans l'intensité de la présence. Pour retrouver dans le quotidien le goût de l'amour. Cette sensation de chaleur, de moelleux, de grande énergie, d'acuité légère, de densité de l'instant avec toute la tendresse et la plénitude qui sont présentes dans une rencontre vraie.

Ce qui nous donne le sentiment profond d'exister, agrandis et différents, c'est-à-dire le sentiment d'être uniques.

Le couple : un espace de possibles où vont se dérouler beaucoup d'impossibles.

> *Si tu ne sais pas quoi faire de tes mains, transforme-les en caresses.*

4. La communication infraverbale

Nous appellerons communication infraverbale celle qui se développe à partir des signaux multiples émis hors langage le plus souvent et qui s'expriment comme toile de fond pendant l'échange verbal. Beaucoup de blocages, de non-écoute, de parasitages vont se créer à partir de ces signaux qui seront la plupart du temps non intentionnels.

Communiquer avec plénitude semble être une des quêtes les plus anciennes et les plus utopiques chez l'homme — dans le sens où chacun veut être entendu là où il est et reçu dans cette dimension unique qui est la sienne. Faire partager à l'autre justement ce qu'il y a d'original, d'exceptionnel, d'unique en nous.

Nous allons l'illustrer à travers une situation des plus banales, celle d'un rendez-vous entre Paul et Marie.

Quand ce matin-là, Paul donne rendez-vous à Marie pour passer la soirée avec elle, il lui dit : « Je passerai te prendre à 18 h à la sortie du bureau, on dînera ensemble au restaurant que nous aimons. »

Ce message va être porteur de multiples signaux pour Marie (émotion, surprise, joie, projet de robes, de coiffure, des arrangements avec Janine, sa collègue, pour être à l'heure et même avant...). Bref ce message a déclenché un ensemble de processus imaginaires qui vont se traduire chez Marie par des comportements particuliers (légèreté dans la démarche, bonne humeur, vivacité, chaleur dans le contact...) qui seront plus ou moins perçus et entendus par son entourage immédiat et vont donner une qualité particulière à ses relations durant cette journée.

En cette fin d'après-midi, bien avant 18 h, Marie est déjà sur le trottoir, apprêtée, attentive, ouverte à l'arrivée de Paul. Son plaisir est manifeste et plusieurs passants lui jettent des regards d'envie.

Paul est bien parti à l'heure, mais la circulation est plus dense qu'il ne l'avait prévu et il roule aussi vite qu'il le peut. Il ne pense pas à Marie, ni à la soirée, il pense de toutes ses forces à arriver à

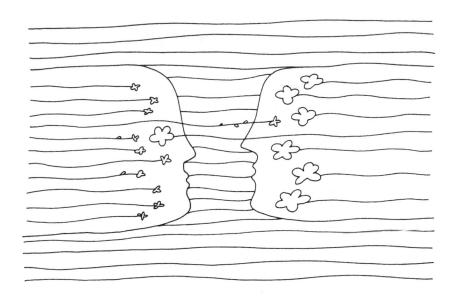

« À se dire tous ces petits riens qui ne valent pas la peine d'être dits, mais qui valent la peine d'être entendus. »

J. Giraudoux

l'heure, il voudrait surprendre Marie, être déjà là quand Marie sortira du bureau (il ne sait pas encore que son plaisir est déjà « perdu » puisque Marie dans le même souci l'a devancé). Une manœuvre difficile lui fait heurter le trottoir avec sa roue arrière droite, il jure mais ne s'arrête pas pour ne pas se retarder.

Il arrive enfin, devant l'immeuble où travaille Marie, et la voit sur le trottoir ; elle lui sourit, lève le bras et commence à s'avancer. Mais Paul, lui, cherche un espace pour se garer. Marie s'approche encore, elle est prête à ouvrir la portière pour monter sur le siège avant, près de Paul, lui souhaiter la bienvenue, l'embrasser... et voit, à ce moment-là, Paul sortir de la voiture, lui faire une bise légère sur la joue et regarder avec attention la roue arrière, se pencher, toucher la jante et dire « Bon ce n'est pas trop grave, bon alors on y va... ».

Dans cette courte scène, Paul et Marie se sont envoyé de nombreux signaux dont certains n'ont pas été entendus ou au contraire vont soit stimuler, soit blesser, heurter l'un ou l'autre.

Chacun est pris dans l'univers imaginaire avec lequel il veut saisir la réalité de l'autre. La communication était très inégale ; avec une partie aveugle chez l'un et chez l'autre.

Que va-t-il se passer dans la voiture ? et au restaurant ? Cela va dépendre de nombreux facteurs liés à leur dynamique relationnelle. Si Marie peut ne pas se laisser arrêter par sa frustration et se bloquer dans un silence, elle pourra témoigner de son vécu et le commenter en riant (combien de rires sont nécessaires au dépassement des malentendus...). Elle peut aussi commencer par un appel indirect « Comment me trouves-tu ce soir ? » invitant ainsi Paul à s'occuper d'elle, mais elle risque de se laisser piéger (et de réactiver sa frustration) si Paul répond évasivement, car lui est préoccupé maintenant de sa conduite et du but à atteindre : le restaurant.

Nous pouvons en rester là, avec cette histoire, mais nous voyons combien tous ces signaux et leur décodage vont être liés à la dynamique de la situation mais aussi à notre propre histoire.

Nous voulons faire passer dans nos messages toute la richesse de nos émotions, de nos croyances, de notre vécu, de nos anticipations et souvent la pauvreté des mots, l'indigence de notre vocabulaire, de nos moyens sonores et visuels, le parasitage de l'environnement vont limiter nos aspirations, brouiller nos intentions les plus stimulantes. Combien de sourires, de gestes inachevés, de regards perdus, de mouvements du corps vont être ainsi détournés, limités, oubliés dans une rencontre, dans un échange possible.

Nous prenons rarement conscience que l'ensemble de nos besoins existentiels sont présents dans toute tentative de communication. Besoin de sécurité, de reconnaissance, d'affirmation, de confirmation, d'espérance et d'existence (de sortir de son in-istence).

Ce sont ces besoins que disent les signaux infraverbaux et ils vont s'imposer, dominer souvent le registre verbal.

À la violence d'un discours sourd et aveugle va répondre parfois la violence d'une attente non dite mais exprimée à profusion dans les registres infraverbaux.

> *« Mais l'histoire d'un couple ne peut se réécrire. Elle est fondue tout entière dans une ignorance réciproque qui se dévoile ou qui s'embourbe. »*
>
> Evelyne et Claude Gutman

> « *J'ai l'honneur de ne pas te demander ta main, ne gravons pas nos noms au bas d'un parchemin.* »
>
> G. Brassens

5. Le mariage « sur mesure »[1]

Aux États-Unis se développe la pratique du contrat de mariage individuel, négocié par les deux signataires en fonction de leurs besoins et de leurs désirs propres, de leurs interrogations.

Le contrat est en général enregistré chez un notaire, et, selon les cas, peut être ou non suivi d'un mariage à la mairie. Les deux conjoints conviennent alors qu'ils sont liés par les clauses du contrat, même si elles n'ont pas de valeur légale aux yeux de l'État.

Voici, à titre d'exemple, un contrat parmi d'autres signé en 1976 par deux jeunes Américains de l'État de l'Ohio.

1. Définition. Pour Paul et Mary, le mariage est un engagement affectif, spirituel et social. Par ce contrat, ils s'engagent à vivre ensemble pendant un temps donné, à approfondir leur union, à partager leur amour et leurs expériences.

2. Durée du contrat. Ce contrat est d'une durée de cinq ans. À la fin de la période, il pourra expirer ou être renouvelé. Ses clauses pourront être renégociées.

3. Signature du contrat. Ce contrat sera signé le jour qui semblera le plus commode aux deux parties. La signature ne sera accompagnée d'aucune cérémonie. Cela étant une affaire privée, ni les parents ni les amis ne seront invités.

4. Conditions de la vie commune. Paul et Mary habiteront ensemble. Ce qui n'exclut pas de vivre en communauté avec d'autres. Toutes les tâches de la maison seront partagées. Elles seront accomplies principalement pendant le week-end. Mary

---

1. Inspiré d'un article paru dans *Le Monde* en 1977.

s'abstiendra de hurler si les tâches ne sont pas accomplies avant le dimanche après-midi. Elle se réserve cependant le droit de rappeler à Paul ses obligations, mais cela sera toujours fait avec tact et délicatesse.

Paul s'occupera de la voiture de Mary. En échange, Mary fera la couture et le raccommodage pour Paul, mais elle ne se chargera pas de ses chaussettes.

5. Finances. Paul et Mary partageront, à égalité, toutes les dépenses courantes : loyer, charges de la maison, nourriture. Chacun conservera son compte en banque et évitera de dire à l'autre comment dépenser son argent. Si Paul et Mary veulent épargner pour un projet commun, ils ouvriront un compte commun à cet effet.

Si l'un des deux partenaires est provisoirement au chômage, l'autre partagera son salaire, mais il ne sera pas tenu de partager ses économies. Chacune des deux parties aura sa voiture aussi longtemps que cela sera financièrement possible.

6. Disputes. Les disputes et désaccords ne seront pas forcément considérés comme néfastes à l'union des parties. Paul et Mary pensent au contraire que les disputes peuvent être utiles. Mais ils éviteront de se battre physiquement, ou de se séparer pour de longues périodes, alors qu'ils sont, l'un ou l'autre, encore en colère.

7. Communication. Un échange constant entre les partenaires est important pour qu'une relation fonctionne bien. Dans la mesure du possible les portes seront toujours ouvertes entre Paul et Mary. Paul essaiera de parler à Mary lorsqu'il est en colère ; il essaiera de ne pas lui opposer un mur de silence. Mary cherchera à garder le contact physique avec Paul, puisque c'est ainsi qu'il s'exprime le plus facilement. Mais Paul fera néanmoins des efforts pour verbaliser ses sentiments.

8. Fidélité. Les relations sexuelles de Paul et Mary ne seront pas exclusives. Celui qui choisit d'avoir des relations sexuelles avec une tierce personne n'est pas tenu d'en informer l'autre. Il est

cependant jugé préférable de ne pas en faire un secret, afin de ne pas interrompre la communication entre Paul et Mary. Ceux-ci sont d'accord pour garder aux relations avec des tiers un caractère secondaire par rapport à la relation principale.

9. Nom. Cette relation étant celle de deux individus autonomes, Paul et Mary ne souhaitent pas un nom qui transforme l'un des deux en un appendice de l'autre. Mary s'est battue suffisamment longtemps pour établir son identité. Elle refuse donc d'abandonner son nom et ne sera jamais présentée aux autres sous le nom de Mme Paul Smith.

10. Enfants. Paul et Mary sont d'accord pour ne pas avoir d'enfants pendant la durée de ce contrat. Paul ne voudra peut-être jamais d'enfants. Mary en est consciente et l'accepte. Si Mary tombe enceinte par accident, les parties devront en discuter. Mais comme un avortement serait une chose grave pour Mary et sans doute difficile à obtenir dans la région, Paul et Mary sont d'accord pour ne pas avoir d'« accident ».

11. Parents. Chaque partie aura avec ses parents les rapports qui lui conviendront et acceptera l'attitude de l'autre à ce propos. Chacun garde cependant le droit de répliquer aux parents de l'autre, s'il estime qu'ils exercent sur lui des pressions insupportables.

12. Amis. Chacun conservera ses amis. Si Paul et Mary se font de nouveaux amis, ils se présenteront à eux comme deux personnes ayant entre elles un simple lien amoureux. Ils les laisseront s'interroger sur le lien légal qui les unit.

13. Contrôle de son corps. Chacun garde le contrôle de son propre corps. Aucune des deux parties ne cherchera à modifier l'apparence de l'autre. En particulier, Mary est d'accord de ne pas se plaindre ou faire des remarques à propos des boutons de Paul.

14. Divorce. Si l'une des deux parties désire un divorce, l'autre ne s'y opposera pas. Tout ce qui aura été acquis conjointement durant la vie commune sera partagé, et tout ce qui est propriété personnelle sera conservé.

15. Terminologie. Les deux parties sont d'accord pour ne pas utiliser les vocables suivants à propos de leur union: « marié à », « mon mari », « ma femme », « ma fiancée », « mon épouse », « ma nana » ou tout autre terme impliquant une relation de dépendance.

16. Amendements. Ce contrat pourra être amendé avec l'accord des deux parties. Les modifications seront ajoutées au contrat et paraphées par les deux parties.
Signé : Paul Smith, Mary Brown.

Le commentaire de la journaliste du *Monde* est le suivant :

« Le caractère pragmatique de cet arrangement peut prêter à sourire. Chacun s'en tient-il rigoureusement aux clauses du contrat ? De nombreux amendements ont-ils été déjà ajoutés au texte ? On peut se le demander. Mais il est évident qu'un parchemin de ce style n'est pas destiné à être brandi à chaque tournant de la vie conjugale.

Comme le dit Marvin Sussman, professeur de sociologie américain qui mène une étude sur ces contrats, l'important c'est la discussion que le contrat suscite dans le couple avant l'engagement de vie commune. Elle permet de déceler les conflits potentiels et de commencer à les résoudre. Le contrat vaut évidemment aussi à titre de symbole : il permet de mettre en lumière les inégalités des lois et des coutumes régissant le mariage et de les faire, si possible, évoluer.

Avec ces contrats, on est loin de l'imagerie traditionnelle : les deux êtres qui ne font qu'un, l'amour qui donne tout, le couple vitrine sociale, l'homme chef de famille, etc. Peut-on ainsi négocier ses sentiments comme de vulgaires kilos de pommes de terre ? Pas si simple. Mais on peut au moins tenter de s'opposer à la force des choses. Et c'est ce que font, à leur manière, Paul et Mary. Rendez-vous dans dix ans. »

> *Il y a toute l'incompréhension qui naît du gouffre des ans, et la difficulté à s'inventer changeant.*

> « *Je vous parle de couple et dans un couple personne ne sait qui est terre et qui est soleil. C'est une autre espèce, un autre sexe, un autre pays.* »
>
> R. Gary
> *Clair de femme*

Voici un exemple de contrat plus récent rédigé en 1978 et complété en 1979 par deux jeunes adultes, Français d'origine.

Préambule : il nous est apparu après réflexion nécessaire de refuser l'institution du mariage. Nous abandonnons ainsi quelques avantages sociaux pour choisir à la place cette sorte de charte ouverte et évolutive faisant office de contrat entre nous.

Tout d'abord, quelques mots lanternes : partage, chaleur, devenir, corps, territoire, catalyse, obscurité, liberté, reconnaissance, franchise, souffrance, musique, rôles, engagement, enfants...

Article I. Indépendance. J'œuvrerai dur, pour être indépendant(e) d'abord par rapport à moi-même, puis par rapport à toi.

- Je désire un territoire tout à moi où je pourrai m'amuser, travailler, accueillir. Que cet endroit te respecte, mais ne puisse être par toi envahi, étouffé, englouti. Ailleurs un coin sera disponible aux autres.
- Je ne t'obligerai pas à aimer ce que j'aime. Je n'envahirai pas l'espace de ton esprit, ta soif de recherche. Tu as ton passé culturel, aussi c'est à toi de choisir ton avenir. Je suis différent(e).
- En dehors du droit commun au repos, à la paresse, à la grossesse et aux désirs, j'alimenterai la bourse commune, destinée à couvrir les dépenses occasionnées par la nourriture, les chiens, le loyer, les charges ménagères, le téléphone et les bougies. Je me réserverai une somme, dont je disposerai comme bon me semble, par exemple, pour l'achat et l'entretien d'une trottinette, de ma voiture. Il serait souhaitable que j'aie ma brosse à dents, car nous nous les lavons souvent ensemble pour nous faire des risettes.

Tout prêt ou emprunt est possible entre nous, mais je n'exigerai pas d'intérêts.

L'héritage familial sera à la disposition exclusive de celui ou celle qui hérite.

L'acquisition d'un nouvel objet se fera suivant les modalités d'un contrat particulier (participation variable du 1-4 au 8-9).

• Je ne chercherai pas à contrôler l'espace de tes désirs, de tes amours. Je combattrai le chantage affectif et la jalousie. Je respecterai les zones d'ombre que tu veux te préserver mais sache qu'à l'ombre je me flétris. Émotions, larmes, pitreries seront mes compagnes. Ma souffrance est mon affaire, mais tu peux m'aider à la reconnaître. Je pourrai demander à être écouté(e).

Je garde avec ma famille des liens privilégiés. Je ne tolérerai pas que nos familles respectives se mêlent de nos affaires, de ma vie et de celle que nous partageons. Je m'efforcerai d'être clair(e) avec elles.

• Je peux découvrir mon corps et le révéler avec toi, mais aussi avec d'autres. Mon indépendance sexuelle, si je peux y arriver, est liée à tout ce qui précède. Je la veux comme un aboutissement de notre partage et non comme un préalable.

Article II. Je participerai à cette réaction chimique et affective qu'est le partage du quotidien à deux, comme catalyseur d'une réaction en chaîne. Je n'oublierai pas de retirer les « pattes » si ça brûle.

Article III. Je vis avec toi pour :

• communiquer, avoir chaud ici et maintenant;
• devenir dans l'instant.

Article IV. Toutoune Laine a été notre première fille, mais elle n'est qu'une chienne. Cependant elle est une des plus belles, sinon la plus belle des toutounes de France. À travers elle nous échangeons, soyons attentifs à l'image qu'elle nous renvoie.

Article V. Je ne m'enfermerai pas dans un rôle qui me sécurise et t'arrange bien : la cuisine, la mécanique, la vaisselle, le bricolage, le jardinage ou la couture ne te sont pas plus spécifiques qu'à moi. Et si je choisis d'assumer un rôle particulier, que ce ne soit que temporaire (nursing, travail...) pour rester tolérable.

Article VI. Je n'étoufferai pas la chaleur qui est en moi par peur ou par mélancolie.

• Je soignerai mon corps comme je le désire, même si cela te déplaît (port d'un maillot de corps de jour comme de nuit, épilation, frisette, douche biquotidienne ou mensuelle...).

• Je souhaite que vienne à travers nous un ou plusieurs enfants. C'est un engagement fort, mais je ne m'en servirai pas comme alibi de « non-vie » entre nous. Notre enfant n'aura pas besoin d'un portefeuille, d'une porte-principe ou d'un porte-faix.

• Je prendrai le temps d'être.

• Je ne provoquerai pas d'angoisses inutiles, si je ne peux tenir mes promesses, j'en avertirai l'autre.

Article VII. Le but de l'entreprise qui motive ce contrat n'est pas l'encoconnement philippin, mais la pétillance des souffles, des voix, des cris, des corps...

Article VIII. Cette entreprise ne cherchera pas à être à but lucratif.

Article IX. Je ne parlerai jamais de toi en ces termes: « ma femme, mon mari, ma nénette, mon homme », mais j'aimerai qu'en moi transparaisse sans les mots la vitalité que tu m'apportes.

Article X. Chacun peut à tout moment proposer un ou plusieurs amendements à ce contrat.

Article XI. Et puis il me faudra une bonne dose de tolérance.

Article XII. Et que je sois ouvert à la réflexion.

Un an plus tard, un treizième article a été rajouté, ainsi que deux commentaires.

Article XIII. Notre enfant est né depuis quelques semaines. Il nous pompe et nous ravit. Il module nos rythmes.

Le commentaire de l'homme : nous vivons en couple. Que l'indépendance territoriale est difficile.

Le commentaire de la femme : il n'y a pas que l'indépendance de l'espace à préserver. Le respect de ce contrat me demande lucidité et vigilance dans les « aventures » du quotidien, une lutte contre mon angoisse, des plongeons dans ma déprime. J'y glane la couleur de mes élans, la lente découverte de mon jardin intérieur. Je vis ce cheminement difficile parfois très durement.

Nous allons regarder un couple se chercher, se trouver, se former, se découvrir, s'exercer, se confronter, parfois se dédire, se contredire, s'égarer pour quelquefois devenir soi, peut-être plus que soi.

Quand je boude, silencieux, je mendie quelque chose de vital que je suis prêt à refuser si tu t'approches, que je suis prêt à crier si tu n'entends pas.

La communication peut servir à l'autre ce que l'on sait et à se dire à soi-même ce que l'on ne sait pas encore et qu'on va enfin entendre, justement en le disant.

III. Quelques facteurs favorisant l'aliénation de la communication dans le couple

Ton amour est merveilleux, le mien l'est tout autant, et cependant notre amour est douloureux et souffrant...

Il est difficile, dans une relation proche, de « démêler le tien du mien ».

Les facteurs d'aliénation qui existent dans toute relation me paraissent particulièrement vivaces dans le couple. En voici quelques-uns sur lesquels j'invite à une plus grande vigilance.

> *Le difficile n'est pas d'apprendre ce qu'on ne sait pas, c'est d'apprendre ce qu'on sait.*

1. Le dialogue interne

C'est un dialogue intérieur, non dit, où chacun fait les questions et les réponses, un dialogue irréel — qui remplace le dialogue réel et peut constituer une véritable pollution dans la relation.

« Je peux mettre toute mon énergie à tenter de deviner ce qui se passe pour toi, sans jamais aborder le sujet. »

« Il sait que je sais... et il ne m'en parle pas. »

« Pourquoi n'en parle-t-il pas puisqu'il sait que je sais ? Pourquoi se tait-il au lieu d'exprimer ce dont je voudrais tant que nous parlions ? »

« Je me fais un discours sur lui, je réponds à sa place, j'imagine ses sentiments puis je me dis : il ne répond jamais quand je lui pose une question. »

« Je n'aborde donc pas le sujet, sans voir, sans entendre que c'est mon silence autant que le sien qui nous bloquent. »

« Lui de son côté poursuit un dialogue intérieur avec moi, dont je ne connais pas les termes. »

« Nos peurs se combinent pour éviter les questions délicates ou douloureuses, parfois imaginaires, et nous ne prenons pas le risque de vérifier ce que nous échafaudons en secret. »

Ainsi chacun peut-être pose à l'autre (dans sa tête) la question qui le préoccupe et se donne (dans sa tête) la réponse qu'il espère ou celle qu'il craint.

> *Le désir c'est celui de l'autre. Et même quand il est semblable, ce n'est jamais le mien, puisque c'est celui de l'autre que je recherche.*

Cette façon de penser à la place de l'autre fait irruption parfois dans l'échange réel et le fausse :

« Je sais que tu n'es pas heureux avec moi. »
« Je sais ce que tu vas me dire. »
« Je ne t'en ai pas parlé parce que je savais que tu n'avais pas envie de m'écouter. »

Les différentes façons d'éviter le dialogue sont liées aux nombreuses peurs qui existent dans un couple : peur de recevoir un refus, risque d'être jugé, rejeté, dévalorisé si on ose dire sa demande, peur de ne pas être compris, de ne pas savoir dire, peur de blesser l'autre.

Ces peurs nous amènent aussi à utiliser des phrases conjuratoires :

« Tu vas penser que ce n'est pas important. »
Ce qui veut dire :
« Réponds-moi tout de suite, donne-moi le sentiment que j'existe. »

L'autre risque de s'en tenir au niveau des mots, de ne pas comprendre, de s'étonner des réactions. Il pourra de bonne foi dire :

« Mais c'est toi-même qui m'as dit que ce n'était pas important ! »
ou encore :
« Je te le dis comme ça, tu feras comme tu voudras, on en reparlera... »

Et parfois le temps et l'oubli vont recouvrir cette demande.
C'est aussi toute la question de la « gestion » de l'angoisse, celle de l'autre, la sienne.

« Je me sens rejeté(e) par lui/elle sans aucun fait concret, sans circonstances spécifiques, alors je vais provoquer une situation pour me confirmer. »
Ce qui développe cette attitude apparemment paradoxale :
« Je déclenche ainsi pour me rassurer ce dont j'ai le plus peur. »

L'angoisse réveillée, réactivée par les mille situations de la vie quotidienne, les relations aux enfants en particulier, joue un double rôle, celui de liant (rapprochement) et de répulsif (éloignement). Ce rythme de flux et de reflux use le Moi du couple, comme les marées quotidiennes, bien plus que les grandes tempêtes d'équinoxe.
Le Moi du couple est aussi un accord inconscient où chacun participe pour éviter le changement de l'autre.
Il a un rôle nécessaire pour maintenir l'équilibre acquis (même s'il est douloureux) et empêcher un éclatement possible.
Mais si chacun exploite les angoisses de l'autre de façon répétitive (et surtout sans s'en rendre compte), l'évolution nécessaire sera bloquée.
Toute relation représente une lutte entre les forces de rapprochement, d'unité, de stabilité et les forces d'autonomie, d'indépendance et de changement.
Le conflit se joue à l'intérieur de chacun, mais aussi entre les deux.
Les sentiments sont mis à rude épreuve et les émotions ont du mal à trouver un chemin acceptable pour s'exprimer.
Le dialogue intérieur a une fonction importante, celle d'éviter le risque de changement.

« Je sais qu'il lit le journal au petit déjeuner, parce que ce que j'aurais à dire ne l'intéresse pas. Et puis il va être sollicité toute la journée à son travail, c'est bien qu'il se sente libre de s'évader dans sa lecture, même si nous n'avons que ce moment à nous deux aujourd'hui. Si je lui demande de poser ce journal, il faudra que je trouve des choses plus intéressantes à raconter... Alors, pour le mettre à l'aise, je vais prendre un journal aussi (ou regarder la télévision, etc.). »

> *Tous les deux ont un désir (parfois le même), mais ils vont l'un ou l'autre mettre des obstacles pour laisser croire qu'il n'y en a qu'un qui l'a.*
>
> *Comme si le mur était nécessaire, et il suffira qu'un seul le mette, l'autre l'entretiendra.*

Dans le dialogue, c'est nous qui nous cherchons. Si nous rencontrons l'autre, rien ne va plus, nous constatons alors la séparation des consciences. Nous touchons ainsi à l'un des paradoxes de la communication, comme si nous ne pouvions communiquer que sur ce qui nous sépare.

Nous sommes contraints de communiquer pour désigner l'incommunicable, c'est-à-dire l'espace qui nous sépare. Cet espace inévitable créé au moment de la naissance par la séparation d'avec la mère. Ce qui deviendra par la suite la nécessité d'une séparation entre un dedans et un dehors — pour qu'il y ait échange. Cette séparation doit se comprendre comme un espace où peuvent circuler une parole, des paroles différentes. Un trou n'existe que parce qu'il y a des bords autour.

> *« L'immensité de leurs désirs les paralysait. »*
>
> G. Perec

2. La pauvreté du dialogue

La spontanéité et la richesse dans la communication du couple peuvent se transformer au long des années et aboutir à une grande pauvreté, au niveau des mots, au niveau des stimulations réciproques.

Le langage fonctionnel fait de stéréotypes, de lieux communs, de banalisation risque de s'installer.

« Passe-moi le sel. »
« Il faudrait repeindre le salon. »
« Qu'as-tu fait aujourd'hui ? »

Le langage émotionnel que l'un ou l'autre tente parfois d'introduire peut être vécu comme inopportun, agressant :

« Ah ! Elle recommence avec ses insatisfactions, ses demandes, ses mises au point ! Elle m'ennuie, je n'ai rien à dire, je n'ai pas envie de parler de sentiments. »
Un langage ritualisé, codifié va peut-être s'installer :
« Je sais à l'avance ce qu'il va dire, je connais ses réactions ; c'est toujours la même chose, autant se taire. »

Les séquences se répètent, prévisibles, avec les mêmes conséquences, entraînant la lassitude, le désintérêt.

« J'en viens à penser que vivre en couple, c'est ce qui peut arriver de pire à un amour, à deux personnes. Cela va les tuer tous les trois, tôt ou tard. »

Pouvez-vous vous interroger sur la « fatigue » que chacun déclenche chez l'autre ?

Il sait que sa « caresse » va déclencher un bâillement, elle « sait » que sa tentative de discussion — « J'ai envie de parler de nous ce soir » — va se terminer par « Oh ! ne recommençons pas ».

Le dialogue figé est fondé souvent sur un non-dit. Il ne semble pas possible d'aborder les déceptions vécues, l'agressivité inévitable, liée aux frustrations, les désirs pour d'autres expériences. Qui n'a jamais imaginé la mort de son conjoint ou la dissolution du couple avec crainte et envie ? Mais qui ose le dire ? La peur de blesser, la peur d'être rejeté est à l'origine de bien des « silences » de couple.

> *« J'ai des choses à dire et pas envie de les dire. »*
> *Ce qui peut s'entendre : « Donne-moi l'envie de te les dire, intéresse-toi à moi. »*

> *Le cadeau que je te donne… je me le fais. « Tu dois aimer cela car j'ai tellement de plaisir à te voir heureuse. »*

3. La projection, l'injonction des sentiments

« Si tu n'entres pas dans mes sentiments, mes projets, mes désirs, je deviens sourd, je ne te comprends pas du tout, je n'entends que ma demande… »

Cette façon d'être est ressentie par l'autre comme une négation, une inexistence (l'impossibilité de sortir sa propre existence de soi).

Ma peur de ne pas exister va se transformer en véritable diktat pour l'autre. « Existe à travers moi. »

Je vais donc l'interrompre, le couper, lui dicter ce qu'il doit penser, sentir, dire, faire. « Tu dois parler à notre fils au moins une fois par semaine. »

Je peux encore prêter à l'autre une partie de mes désirs et de mes craintes.

« Mon désir d'infidélité fait que j'imagine chez l'autre le même désir. »

Le jugement que je porte sur moi, je l'attribue aussi à l'autre. Si je n'aime pas mon désordre, ou ma timidité, j'ai l'impression que l'autre ne voit que ça.

« Au milieu de ces gens brillants je me suis sentie gourde, je n'ai dit que des banalités. Et en rentrant je lui dirai : "J'ai bien vu dans ton regard que tu me trouvais bête, et ça m'a bloquée." »

Je projette ainsi une partie de moi sur l'autre et je lui fais jouer un rôle qu'il va peut-être accepter en renonçant à être lui-même. Il existe chez chacun un désir de dicter à l'autre les sentiments ou les comportements qu'il devrait avoir.

« Quand je l'ai laissé libre de choisir, c'était pour qu'il arrive de lui-même à remplir mon attente, en choisissant mon désir. »

> *« J'ai voulu t'en imposer, je t'en veux d'y avoir cru, tu aurais dû me résister mieux. »*

Un homme divorcé, père de deux enfants, à sa seconde femme :

« Tu devrais aimer mes enfants comme je les aime puisque tu m'aimes. »

Veut-il ignorer ou minimiser que ses enfants peuvent être vécus par elle comme des rivaux ou la preuve vivante qu'elle n'est que la deuxième, la troisième, etc. ? Ou encore veut-il se cacher que ces enfants, par leur comportement, leur difficulté, vont réactiver chez elle des sentiments ambivalents ou des conflits non résolus ?

« Tu devrais trouver ce film intéressant puisqu'il m'intéresse. »
« Ça devrait te faire plaisir que j'aie du succès. »
« Tu devrais apprécier Paul puisqu'il est mon ami. »
« Regarde, regarde ce meuble, cette fleur comme elle est belle. »

En termes de vie quotidienne, cela se développe dans le « devoir faire » :

- manger parce que le repas est prêt ;
- me lever le matin pour t'accompagner dans tes courses ou des activités qui m'ennuient ;
- donner mon avis, quand je n'en ai pas nécessairement un, sur tel aspect de la vie, sur ce qui fait tes intérêts.

Par le « devoir faire » je peux avoir le sentiment de « montrer » mon amour à l'autre, de lui témoigner mon attachement. Je fais aussi sans cesse la preuve que je l'aime en m'imposant de lui donner.

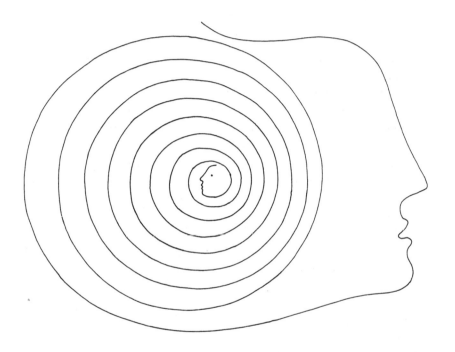

Je comprenais tellement l'autre qu'il n'y avait que moi
que je ne comprenais pas.

> *Ne dis rien (j'ai trop peur de t'obéir encore).*
> *Ne me demande rien (pour que je puisse trouver ma propre demande).*
> *Ne m'oblige pas trop pour que je puisse trouver seul mon élan, mon chemin vers toi.*

Les désirs et les demandes peuvent s'exprimer aussi en termes de reproches :

« Évidemment toi ça t'est égal que ma mère passe ses dimanches seule chez elle. »

Ce qui pourrait se dire et s'entendre :

« Tu devrais partager mon souci pour elle, mes sentiments, ma culpabilité. »

La relation amoureuse est porteuse ainsi de beaucoup de souhaits, de désirs pour l'autre, sur l'autre.

« Il doit avoir du plaisir, car j'en ai à ce qu'il en ait... s'il n'en a pas, il me prive du mien. »

« Je voudrais tellement que l'autre change, ne fasse plus ceci ou cela... Ça irait tellement mieux ! »

Pour qui ?

Le désir de changement se porte fréquemment sur l'autre. Il est bien difficile de prendre conscience que, dans un couple, l'interaction des relations de cause à effet enchevêtrées dépend toujours des deux partenaires.

La relation est circulaire et il est souvent vain de rechercher qui a commencé, mais il est plus intéressant de découvrir comment les deux entretiennent cela.

Les malentendus, les erreurs, les tâtonnements, comme aussi les rencontres et le partage, se passent entre deux personnes, et ne peuvent pas être le fait d'une seule.

> *Nous voulons tous de quelqu'un qu'il nous aime comme nous souhaitons l'être et non comme il le croit.*

> *« Oser demander, oser reconnaître mes propres demandes, c'était trop ! Le plus important était le désir de l'autre, et je passais des heures à m'interroger sur ce qui lui ferait plaisir… »*

4. Le sentiment de dévalorisation

> *Ma valeur sera faite de ce léger décalage entre ma non-valeur et la plus grande non-valeur que je vais assigner à l'autre.*

Ces nécessaires points cruciaux de la découverte de soi, à travers l'autre, que sont l'affectivité, la sexualité et l'agressivité sont souvent faussés quand ils résonnent sur la propre dévalorisation fondamentale de chacun, que cette dévalorisation soit reconnue ou niée.

Certains faux choix consistent à faire plaisir à l'autre, mais à contrecœur. Car le risque est d'encourir sa colère, son silence, sa fuite brutale et dévitalisante, ou sa déception[1].

Combien de cercles vicieux à partir de cette position paradoxale :

« Je fais dépendre ma valeur de l'autre. »
« En dévalorisant ainsi qui tu aimes (moi), je te dévalorise. »

J'ai un jugement sur moi-même, qui me paraît inacceptable. Je le projette sur l'autre en imaginant qu'il a le même jugement sur moi et je vais en rechercher la confirmation par de nombreux moyens.

Qui se dévalorise quand l'un ou l'autre, ou les deux, ne trouvent pas de plaisir en faisant l'amour ?

S'ils osaient en parler, ils seraient peut-être bien étonnés. Nous voyons souvent que tous les deux se dévalorisent alors que chacun croit qu'il est le seul à se déprécier ; la contre-attitude sera d'accuser l'autre (tu n'es bon à rien, tu ne sais pas faire, etc.).

Ils attendront des années pour pouvoir se dire leur attente, leur désir, leur demande.

---

1. La crainte de décevoir l'aimé ou l'aimant est un lien puissant et redoutable…

« Il lui fera l'amour à la sauvette, car sa peur est qu'elle le refuse ou s'endorme. Il ne dira jamais le besoin de chaleur, de caresses, de valorisation qu'il attend cependant depuis toujours. »

« Il se montre hyperactif alors qu'il voudrait s'abandonner, se laisser faire, se laisser explorer et aimer. »

« Il demande beaucoup, tellement il redoute qu'elle ne lui demande rien. »

Il y a parfois une érotisation de l'opposition. « J'existe plus fort que toi. »

La peur de ne pas avoir, la précipitation de l'un empêche l'autre de donner.
« Si tu me demandes, tu m'enlèves le plaisir de t'offrir. »

Cela se développera dans des Jeux (voir plus loin) où nous verrons le couplage paradoxal de « souffrir - aimer »[1].

« Je n'ose pas lui faire de mal (en lui disant), de peur justement que ça ne lui fasse rien et que je découvre donc qu'elle ne m'aime pas autant que je le souhaite. »
Ou encore :
« Je te fais souffrir, je le sais, en te disant que j'ai un amant, et je vais être frustrée, blessée si tu ne le montres pas car ta souffrance me rassure, elle me dit combien tu tiens à moi (combien tu m'aimes), et j'ai aussi besoin de cela, pour pouvoir poursuivre ma relation avec l'autre. »

Et lui parfois lui donnera la preuve contraire :

« Je ne te montrerai pas que je souffre, je ne veux pas te donner ce plaisir (cette nouvelle preuve que je t'aime) ; je fais comme si cela m'était égal. »

Que de souffrances sont ainsi entretenues, amplifiées.

---

1. En allemand le mot *Leiden* signifie à la fois « aimer et souffrir ».

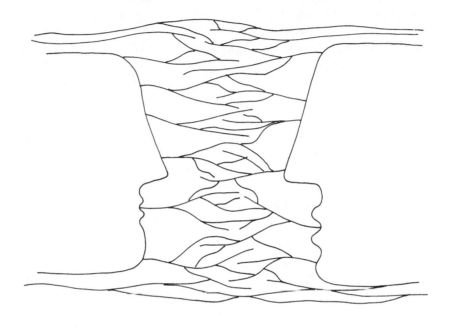

« *On s'est battu, on s'est perdu*
Tu as souvent refait ta vie.
Et le plus beau, tu m'as trahi
Mais tu ne m'en as pas voulu
Et les grands soirs dans ta chaloupe
Tu connais bien mes habitudes
Je connais bien ta solitude.
Nous sommes en somme un vieux couple. »

Chanson de J. L. Dabadie

Certains se présentent avec un corps anesthésié ou un corps sans mémoire.

« J'ai un besoin intarissable de marques d'amour, de caresses, parce qu'elles ne laissent aucune trace en moi. Je ne me souviens que des refus. Il faut me répéter toujours les mêmes mots, car je n'ai aucun souvenir des sons. J'ai toujours besoin d'un regard parce que je ne me souviens que de ceux qui se sont détournés... »

Dans ce corps sans mémoire, tout se passe comme si seul le négatif et le mauvais s'inscrivaient durablement.

La dévalorisation de soi (ou de l'autre) est comme un cancer dans le couple.

« Je te vois, je te parle, je te touche, je te donne, je te reçois, je te désire. Toi et moi nous sommes nous. Pour un moment. Mais si nous continuons trop longtemps, nous nous perdons l'un dans l'autre. Il n'y a plus de contact, mais une fusion qui devient mortelle à la longue, puisqu'elle empêche d'établir d'autres contacts nécessaires à ma croissance, à ma vitalité. Si je veux vivre, il faut que je me sépare, c'est-à-dire que je devienne distinct de toi. Pour mieux te retrouver, pour mieux te rencontrer à nouveau. »

La culpabilité, cet autre cancer des relations.
Je m'en veux de te faire du mal ou de gâcher le plaisir de nos rares instants de vie commune par des malaises, des pleurs, des silences, des refus, et je vais le faire payer encore tout cela, car sinon ce serait insupportable pour moi de me sentir si mauvais.

> *Je ne peux penser au NOUS*
> *j'en suis encore au MOI*
> *puisque pendant des années*
> *j'en étais à l'AUTRE.*

5. La confusion du nous et du je + je

Les pires blessures ne sont pas toujours de se voir refuser ce qu'on demande mais d'avoir l'impression :

- que nos sentiments sont niés ;
- que notre vécu profond est piétiné par l'autre ;
- que notre demande n'est pas entendue.

Ainsi se développe le sentiment de ne pas être compris, reconnu, accepté, sentiment d'autant plus intolérable qu'il vient de l'être aimé… qui justement devrait « me comprendre ».

Elle dira :
« J'aurais préféré ne pas attendre cet enfant tout de suite, pouvoir faire ce voyage, vivre une relation à deux sans lui au début. »
Et il répondra par exemple :
« Comment peux-tu ne pas être heureuse de ce qui " nous " (me) fait tant plaisir ? »

Ce qui fait « qu'elle doit entendre » : « Nous sommes très heureux d'attendre cet enfant maintenant » au nom de ce NOUS (factice). En plus : « Je dois taire, enterrer mes sentiments négatifs (à ton égard, à l'égard de l'enfant à venir…)[1]. »

Dans une circonstance il dira :
« Tu n'as pas pris assez d'initiatives, c'est pourtant ce dont nous avions convenu ensemble. »

---

1. L'échec de Mira et de Ben dans *Toilettes pour femmes* de M. French. (trad. française Éd. Laffont) porte sur ce point. Comment créer un Nous, mais un Nous suffisamment différencié pour permettre à chacun de se reconnaître et de se faire reconnaître par l'autre, dans ses aspirations essentielles.

Elle pourrait répondre :
« Non, c'est ce que TU voulais et pas ce que NOUS voulions. »

> *J'ai acheté une voiture, mais* nous *avons eu beaucoup de mal à la payer !*

Ainsi, chacun des membres d'un couple peut à différentes occasions prendre, récupérer, aliéner la parole de l'autre à son profit... et cela avec les meilleurs sentiments et les meilleures intentions, le plus souvent sans le savoir, car il est difficile de ne pas entendre son propre désir, surtout quand il parle plus fort que celui de l'autre.

La confusion du JE et du TU cache parfois un désir de possessivité et recèle un pouvoir d'aliénation auquel il est difficile d'échapper, car il est énoncé en termes d'amour et de bonnes intentions. Ainsi, faire tout à la place de l'autre, anticiper les désirs, aller au-devant et proposer :

« J'ai pensé que tu voulais... »
« Je sais que tu aimes... »
« J'ai prévu pour toi car je sais que ça te fait plaisir »

lui enlève l'espace nécessaire à l'expression de ses besoins propres.

Je voudrais que mon partenaire partage les convictions et les idéologies qui me tiennent à cœur. Une cause commune est un lien puissant, surtout lorsqu'on peut s'unir contre d'autres.

Mais les prises de position de l'autre peuvent réduire ma liberté et, si elles sont trop fortes, elle m'enferment.

Jean est médecin homéopathe. Il est farouchement opposé à certains types de médicaments. Il est épileptique et depuis quelques années il a décidé de ne plus prendre de médicaments.
« Depuis, cela va mieux d'ailleurs », dit-il.
Il est en voyage avec Marie. Elle lui demande d'aller chercher quelque chose dans sa valise. Il y découvre une boîte de tranquillisants :
« Ce fut comme une gifle », dira-t-il plus tard, « je prenais conscience qu'elle devait se cacher de moi. Je ne lui permettais pas de dire ses inquiétudes, de parler. Elle s'aidait avec des médicaments complices, que je ne voulais pas voir. »

Dans cette situation l'aliénation est double, réciproque, comme toute aliénation d'ailleurs : Marie doit se cacher pour ne pas déplaire à Jean. Jean est déprimé de découvrir que son fanatisme amène Marie à se cacher de lui et à trahir ainsi sa propre affirmation.

> « *" Je n'arrive pas à te connaître " veut dire je ne saurai jamais ce que tu penses vraiment de moi. " Je ne puis te déchiffrer parce que je ne sais pas comment tu me déchiffres. "* »
>
> Roland Barthes

6. La non-écoute ou le dialogue impossible

Parlons un peu de toi; comment me trouves-tu ?

« Je n'entends pas. »
« Je suis ailleurs. »
« Je ne comprends pas. »
« Tu ne penses pas ce que tu dis. »

Ces attitudes plus ou moins conscientes peuvent signifier aussi :

« Je ne veux pas entendre. »
« Ce que tu me dis est trop douloureux à entendre pour moi. »
« J'ai trop parlé, pour l'empêcher de me donner l'écho que pourtant je lui demandais. »

Cela peut devenir une manière de répondre à côté, de manifester mes sentiments sans reconnaître les tiens.

Il s'établit alors un double monologue qui laisse chacun insatisfait et revendicateur vis-à-vis de l'autre.

« Quand tu me dis que tu es déçu par ton fils, je me sens atteinte comme si je l'avais mal fait, mal élevé. Je te vante alors la richesse de ma relation avec lui, tout ce qu'il y a de profond, de caché en lui et que tu ne sais pas voir. Je te reproche de ne pas communiquer mieux avec lui... Je n'avais pas compris que c'est justement de cette souffrance-là que tu te plaignais. Je me justifie, je contre-attaque au lieu de t'écouter. »

« Ce n'est pas ce que tu me dis qui me touche le plus, mais les sentiments que j'entends et qui me blessent, car ils rejoignent mes peurs ou annulent les miens. »

« *Le tambour n'entend pas la musique. Il n'entend que l'écho des coups qu'il reçoit* », *disait encore ma grand-mère.*

« ...J'étais persuadée que je l'écoutais. Il me disait souvent... "Tu ne m'écoutes pas". Je croyais qu'il avait tort, qu'il était de mauvaise foi même...
Et puis un jour je me suis vue au magnétoscope dans un entretien, j'ai découvert avec mes yeux que je n'écoutais pas. Il avait donc raison. »

Quelque temps après, le mari se montre agressif avec sa femme, très insatisfait du « changement ».

« Maintenant elle m'écoute, je ne peux plus me plaindre, je ne peux plus être l'incompris. C'est elle qui a raison et c'est insupportable. »

Quand la résonance, l'écho, le retentissement sont trop importants, l'échange peut se bloquer, la communication se distordre.

« Je veux te dire quelque chose et tu n'entends plus, car ce que tu entends c'est ce que cela a éveillé, réveillé en toi. »
« Je veux te dire combien ma relation avec notre ami Jean-Paul est importante pour moi, ce qu'elle représente, le plaisir que j'y trouve et mon désir de partager mes découvertes, mon enthousiasme avec toi...
Et toi tu ne peux pas entendre. Ce qui t'habite au moment où je parle c'est le désarroi, la souffrance, la réactivation d'une blessure ancienne, d'une peur oubliée, et je découvre que ma parole te fait mal ; alors je me tais et sur les "joies à partager" le silence s'installera entre nous pendant des années peut-être...
Peut-être aussi aurais-je pu "entendre" ta douleur et l'apaiser... mais je n'ai pu le faire... je voulais te parler de moi. »

> *Ce qui cherche à se dire le plus impérieusement, c'est toi, là où tu es moi, moi, là où je suis toi.*

Dans un échange, sur qui se fait la centration ? Qui parle ? Qui écoute ? Mais aussi de quels lieux lointains vient cette parole ? Que touche-t-elle ? Où résonne-t-elle ?

Le piège le plus fréquent est peut-être que je ressens ce que l'autre tente de me communiquer comme si c'était un reproche. Il parle de lui, je le prends pour moi, comme si j'étais responsable et coupable de tout ce qui pour lui est difficile, comme si ce qu'il vit n'était dû qu'à mes insuffisances.

Lorsque Jean est rentré, après quelques jours d'absence, Marie était anxieuse. Elle avait vécu des journées difficiles et elle a tenté de lui dire la violence qui l'avait envahie en l'attendant, toutes les idées qui tournaient dans sa tête.

Jean a entendu un reproche d'avoir été absent, de rentrer trop tard. Il a « résonné » aussi à sa propre déception de ne pas être accueilli, et à son amertume que Marie ne reconnaisse pas tous les efforts qu'il avait faits pour la rejoindre le plus vite possible, justement.

Tout discours contient plusieurs (sinon une infinité de) messages dont chacun se situe (s'entend) à un niveau différent.

Sur la petite table du salon un peu poussiéreuse, Jean a écrit avec son doigt « Je t'aime ».
Comment Marie lira-t-elle le message ?
Entendra-t-elle une marque d'amour ?
ou un reproche
un signe de vie
une invitation à mieux diriger le travail de la femme de ménage...
Quand Marie dit à Jean : « Tu ne parles pas assez », que lui dit-elle ? Entre autres choses:

Un appel : « Je voudrais que tu me parles plus... »
Un espoir : « Je regrette que tu ne me parles pas... »

Un ressentiment : « Je te le reproche. »
Une comparaison : « Tu parles beaucoup plus facilement avec d'autres. »

Si Jean répond par exemple :
« Quand je veux parler, tu ne m'écoutes pas. »
Cela peut vouloir dire:

qu'il a entendu le reproche, et s'en défend;
qu'il a entendu l'appel mais reste sur une frustration antérieure;
qu'il entend la comparaison et ne se sent pas stimulé.

Dans un autre cas, il déclare (niveau de la logique verbale) qu'il est content qu'elle travaille, qu'elle ait repris une activité à l'extérieur, qu'elle ait des intérêts en dehors de son foyer.

Il peut même le mettre en évidence devant ses amis (niveau social).

Mais fréquemment, il manifestera son mécontentement au sujet des repas vite faits, des habits non entretenus, de la fatigue de sa femme non disponible (niveau affectif, vécu). Il se sentira trompé dans ses attentes comme si le contrat passé disait : « D'accord, réalise tes projets, mais que cela ne change rien entre nous. »

Il tombera malade (niveau somatique). Ou rentrera plus tard du travail (niveau des passages à l'acte).

La non-écoute peut être aussi un message en retour, qui se rapporte à une tentative de communication antérieure.

« Pour une fois, écoute-moi au moins. »
« Ça ne sert à rien, tu ne peux pas comprendre. »
« Écoute, ne te fâche pas. »
« C'est toujours pareil avec toi, tu ne me dis jamais rien. »

« L'écoute est une exigence tellement forte qu'elle en devient souvent maladroite. »

Ou encore :

« On va au cinéma demain soir ? »
« Oui », répond-elle.

Le lendemain, la séance est vers 20 h et à 19 h 30 elle entreprend une lessive, ou défait ses cheveux et passe sa robe de chambre.

« Mais nous devions aller au cinéma », s'étonne-t-il.

À ce moment, tous les prétextes sont bons (il fait mauvais, on ira un autre jour, c'est un peu tard, les enfants sont énervés).

« MAIS TU ÉTAIS D'ACCORD ! » (Et ce n'est pas la première fois que tu fais cela, refuser au dernier moment.)

Il fait une erreur de penser que le « oui » de la veille se rapportait au cinéma. Il peut vouloir dire mille choses, ce oui :

Oui, je veux te faire plaisir ce soir (la veille donc);
Oui, n'en parlons plus;
Oui, je n'ose pas te dire non ce soir;
Oui, tu es gentil de penser à me sortir;
etc.

Il arrive aussi que l'écoute et la parole soient mal réparties dans le couple, l'un ayant le rôle de l'écoutant, voire d'aidant, l'autre tenant la partition de l'expression affective. Chacun y trouve des bénéfices. Mais plus de réciprocité dans le partage des rôles les enrichirait davantage.

La dynamique de l'omelette ou comment vouer à l'échec toute tentative de projet commun:
• Si j'avais du jambon, je ferais bien une omelette au jambon... mais je n'ai pas d'oeufs.

Avec sa variante :
• Si tu avais du jambon, je ferais bien une omelette au jambon... mais je n'ai pas d'oeufs.

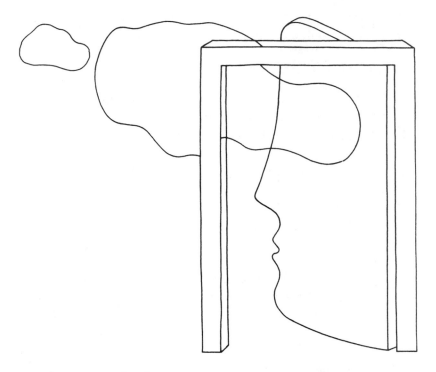

La communication porte sur un espace apparemment
infranchissable, qui sépare, distend deux êtres;
elle porte justement sur les différences, et se veut réduisant
celles-ci pour un rapprochement.
La tentation est de se perdre justement dans cet espace
sans pouvoir se rejoindre.

> « *Nous demandons à l'imprévisible de décevoir l'attendu.* »
>
> R. Char

7. Les différents types de questionnement et la demande

Dans toute tentative de communication, il est intéressant d'observer le type de questionnement que nous utilisons le plus souvent.

Le modèle (socio-culturellement très développé) question-réponse ne paraît pas très satisfaisant.

En analysant le type de questionnement qui domine dans un échange on voit qu'il peut être :

- Fermé : l'autre ne peut répondre que par un oui ou un non et il y a chaque fois rupture dans la tentative d'échange.
- Indirect : «Qu'est-ce que tu penses de M. ou Mme Z ?» (C'est moi qui pense quelque chose de M. Z et je tente de t'en parler.)
- Inductif : « Tu n'as pas trop chaud mon chéri ? », « Tu n'aimerais pas aller au cinéma ce soir ? »
- Auto-réflexif : « Qu'est ce que tu penserais, toi, d'une femme qui aime plusieurs hommes à la fois ? »
- Négativant et réducteur : elle rentre, les bras chargés, essoufflée, et il lui dit : « Tu n'as pas oublié les nouilles au moins ? »

Je ne sais pas si vous avez remarqué la fréquence de la négation dans notre langage.

Nous ne disons pas : « il fait chaud » mais « il ne fait pas froid », « il est petit » mais « il n'est pas grand », « comment avez-vous trouvé le rôti ? », « pas mauvais »...

Cette négation voilée, si elle se répète, peut destructurer une relation en renvoyant l'autre à ses manques, à ses insuffisances, à ce qu'il n'a pas fait ou aurait pu faire. Nous nous montrons ainsi plus attentifs à ce que l'autre n'est pas qu'à ce qu'il est.

Les mots ne sont pas équivalence d'action. Si elle lui dit « J'ai besoin d'être seule », cela ne veut pas nécessairement dire qu'il doit la laisser et partir. Il est peut-être plus important pour elle qu'il entende son besoin ou sa peur.

> *« Vouloir s'accrocher aux mots, c'est refuser la parole. Vouloir s'emparer de la parole, c'est la réduire aux mots qui l'expriment en en refusant le sens et l'exigence. »*
>
> E. Amado-Levy-Valensi

RÈGLES ET CODAGE DANS LES MESSAGES

> « *Le mot est un galet usé, qui s'applique à trente-six nuances d'affectivité.* »
>
> Marcel Duchamp

Il existe de multiples façons de se distancer des informations données sur soi (en les attribuant à d'autres, par exemple) ou des sentiments réels vécus comme trop douloureux ou menaçants. C'est une façon de moins engager sa responsabilité dans l'échange, de se protéger aussi.

Pour cela l'utilisation des généralisations et le discours sur les autres seront très utiles.

> « Quand on est accueilli tous les soirs par un reproche, c'est sûr, on n'a pas envie de rentrer. »
>
> « J'en connais des types qui se crèvent toute la journée dans une boîte sans intérêt, sans même trouver de la compréhension en rentrant chez eux... »
>
> « Tu as vu, elle a encore changé de manteau, on voit bien qu'elle n'a pas de difficultés du côté du porte-monnaie, elle. »
>
> « Celles qui prennent la pilule, on ne sait pas avec qui elles couchent réellement. Je ne sais pas comment leur mari accepte cela. »

La pseudo-implication présente une expérience vécue par autrui et là, elle est signifiée à son partenaire comme un témoignage pénible.

Les comportements de l'un et de l'autre, surtout au début de la relation, sont des messages implicites qui définissent les modalités relationnelles qui vont s'installer et devenir des règles plus ou moins reconnues.

> « Un garçon a son premier rendez-vous avec une fille qui arrive vingt minutes en retard. Négligeons la possibilité (très vraisemblable) qu'il ait déjà en tête une règle concernant la ponctualité — par exemple, qu'on doit être exact ou que les

femmes ne sont jamais à l'heure, ou n'importe quel autre postulat. Imaginons plutôt que la nouveauté de l'expérience, doublée de la conviction que les filles sont des êtres surhumains ou angéliques, lui laisse voir une loi de l'univers dans tout ce qu'elle fait, de sorte qu'il se gardera bien de faire allusion à ces vingt minutes.

En ne commentant pas son retard, il a laissé s'établir la première règle de leur relation : elle a maintenant le « droit » d'être en retard, tandis que lui n'a « aucun droit » de s'en plaindre. En fait, s'il devait plus tard lui reprocher de toujours le faire attendre, elle serait fondée à lui demander « Comment se fait-il que tu ne t'en sois pas plaint plus tôt ? ».

Ainsi, chaque échange de message, quelle que soit sa forme, réduit inévitablement le nombre possible des mouvements suivants. Même si un événement donné ne fait l'objet d'aucune allusion explicite, sans parler d'une approbation, le simple fait qu'il se soit produit et qu'il ait été tacitement accepté crée un précédent et par conséquent une règle. Le malentendu va surgir du fait que cette règle ne sera connue que d'un seul des protagonistes et exigible sur l'autre sans qu'il le sache. Nous voyons quelles frustrations peuvent s'ensuivre. La rupture d'une « telle règle » devient un comportement intolérable ou au moins erroné.

Cela montre la vanité des arrangements dits de « mariage libre » ou de « non-mariage » où les deux partenaires sont censés être « libres de faire ce qu'ils veulent » tout en vivant ensemble.

Nous y reviendrons au chapitre des pseudo-contrats.

> *Le leurre, se conformer sans cesse à la demande apparente de l'autre, pour faire plaisir ou se sentir bon (sans jamais découvrir ce qu'il veut réellement).*
>
> *« Qu'est-ce que tu veux ? Dis-moi ce que tu veux que je te dise. »*

Il y a bien d'autres règles implicites dans un couple. Celle par exemple qui stipule que tout ce qui n'est pas dit expressément ne peut être considéré comme « réellement dit » par celui qui entend — mais néanmoins se transmet d'une façon ou d'une autre avec une force singulière (par celui qui le dit).

« Que penses-tu faire au prochain week-end ?
— Je ne sais pas encore. »

L'émetteur de la question aura le sentiment qu'il a demandé quelle était la disponibilité éventuelle de l'autre pour lui. Quant au récepteur, il a « simplement » entendu une demande d'information, une marque d'intérêt pour ses projets.

Cette règle s'inversera — quand il s'agira de « toucher » son partenaire en ne disant pas réellement ce que l'autre entendra pourtant soit comme un reproche, soit comme une demande indirecte.

« J'ai mal dormi cette nuit après ton départ... »
« Je suis resté là toute la semaine, tu ne m'as pas téléphoné. »

La confluence est la difficulté à reconnaître ses propres limites, son espace, ses besoins en les confondant, en les noyant ou en les identifiant à ceux de l'autre. Le discours, dans ce cas, se tiendra toujours à la première personne du pluriel: « Nous avons décidé d'aller passer nos vacances chez ma mère dans le Midi. »

« Nous aimons beaucoup le cinéma » (mais lequel ?)
« Nous ne sortons jamais le dimanche. »

Le nous, dans ce cas, évite de situer, d'affirmer son propre point de vue, de le positionner face à celui de l'autre. Il devient garant d'un non-conflit, tout va bien.

Le langage est une tentative pour reconstruire une vérité toujours inachevée, pour bâtir un message où il manque toujours un sens parmi tous les sens possibles.

Dans une ébauche de communication, la question n'est pas la demande, mais elle peut être l'amorce d'une demande, d'un échange plus ouvert, plus profond, et toute réponse au niveau de la question risque d'empêcher la demande d'émerger.

Nous pourrions dire que toute question émise est une sorte de bouteille à la mer jetée vers l'autre et à laquelle vont arriver différents avatars.

Exemple: « Où manges-tu à midi ? »
• Information en vue d'un ajustement;
• Réassurance par rapport à une inquiétude (ce « où » peut être ambigu et vouloir dire « avec qui ? »).

Parmi les facteurs possibles favorisant l'aliénation, je vois encore « l'habitude » de poser ses demandes sur un mode négativant en termes de reproches, d'insuffisances, de manque chez l'autre.

« Tu ne me dis jamais ce que tu penses, ce que tu ressens ! Tu n'as même pas vu que j'avais une nouvelle coiffure, que j'avais changé les meubles de place, lavé les rideaux, etc. »
« On n'a jamais le temps, l'argent pour aller au restaurant. »
« Tu ne me dis plus que tu m'aimes. »

Il est possible que l'autre ait dit ce qu'il ressentait, qu'il ait vu la robe nouvelle, la nouvelle attitude, qu'il ait eu envie d'inviter au restaurant, qu'il ait entendu le don, le sacrifice. Il l'a peut-être dit à sa façon, avec ses pudeurs, ses protections… sans être entendu non plus.

Il me paraît important de s'interroger sur la façon dont se développe la dynamique de la demande dans un couple. Il est possible que l'un des deux se sente « réduit » à demander. Dans certains domaines de la vie quotidienne, les rôles vont ainsi se distribuer : le demandant-quémandeur, le répondant — gratifiant-frustrant, le non-demandeur-exigeant. Dans la vie sexuelle, ces rôles prennent parfois une intensité et une rigidité particulières.

« Tu ne demandes jamais rien, alors ça me coince. C'est toujours moi qui demande, je me sens donc débiteur et ma dette est irremboursable. »
« Je me sens dépendante de cette " dette " jamais dite et je lui en veux. »
« Si j'ose lui demander, c'est que déjà je n'en veux plus. »

Il peut y avoir aussi le jeu du refus d'être demandeur ou le retournement de la demande (injonction de sa propre demande sur l'autre).

« Est-ce que tu t'es demandé si je vais bien ? »

« T'es-tu jamais soucié de savoir comment cela s'était passé chez le docteur ? »

« Tu ne m'as pas demandé où j'étais ? »

« Est-ce que cela t'intéresse les vacances des enfants ? »

Transformer l'autre en demandeur :

« Je vais créer des besoins chez lui pour remplir ma peur de ne pas avoir assez. »

« Je me donne une consistance en lui donnant tout ce qu'il me demande. Je lui propose des tas de trucs à faire ensemble pour qu'il soit dépendant. »

« J'ai renoncé à ce qu'il prenne, lui, la décision de me quitter, alors je suis partie. »

« Je souhaitais cela, mais c'est elle qui a pris la décision, aussi ce fut insupportable. Je n'ai pas accepté venant d'elle ce que pourtant je désirais, alors je me suis mis à souffrir... »

Le terrorisme commence par le questionnement, surtout quand celui qui a beaucoup à dire se tait, et quand celui qui parle ne dit rien.

La demande acharnée consiste à obtenir la réponse, la seule réponse que l'on ne tolère pas.

« Tu l'as fait (avoir une relation avec un autre).

— Non.

— J'en suis sûr.

— Tu te trompes (sic).

— Combien de fois ?

— Une fois seulement.

— Tu vois que tu me mens, je ne peux te faire confiance, etc.

— Comment est-il ?... etc. »

(Le jeu est sans fin comme la souffrance qu'il alimente.)

« Je suis mariée depuis près de trente ans et mon mari m'a dit l'autre jour : " Tu n'es pas sensible. " »

Elle dit cela avec des larmes plein les yeux, la bouche blessée, le corps en attente d'être approuvée.

« Vous, croyez-vous que je ne suis pas sensible ? »

Les reproches et les plaintes ne sont que la partie visible
de l'iceberg. Ce qui reste caché, immergé,
c'est la souffrance, la déception, la frustration et le manque.

> *Si tu parles trop sur moi, je ne m'entends plus.*

Ce qu'il y a de dramatique dans cette tentative d'échange avec son mari, c'est qu'elle ne pouvait pas entendre autre chose qu'un reproche injustifié.

« Alors j'ai vécu trente ans avec un homme qui ne me connaissait pas. Mais moi, je le connais en entier, sur le bout des doigts. Je sais tout de lui », ajoutait-elle.

Mais lui, que lui disait-il en disant « Tu n'es pas sensible ». Peut-être lui disait-il justement : « Tu ne me connais pas, tu n'as pas réellement compris qui je suis, quels sont mes besoins, mes attentes, ma sensibilité dans tel ou tel domaine... »

Ainsi les mots par la résonance blessante, agressante qu'ils vont avoir, empêchent le dialogue de se faire. Oui, c'est bien celui qui reçoit le message qui lui donne un sens. Et parmi tous les sens possibles, nous allons entendre justement celui qui touche au plus près notre zone de tolérance minimale. Les mots écrans vont empêcher la tentative d'échange, vont confirmer l'impossibilité à se rejoindre, à s'entendre là où chacun est — là où chacun a le plus besoin d'être entendu et reçu.

Les mots de la persécution :
— tu m'envahis ;
— tu m'ignores ;
— tu demandes trop ;
— tu ne me demandes rien ;
— tu n'as aucun désir sur moi ;
— tu as trop de désirs sur moi...
sont à l'image de nos contradictions.

> « *Je t'en veux autant du mal que je t'ai fait que de celui que tu m'as fait.* »
>
> Truffaut, *La femme d'à côté*

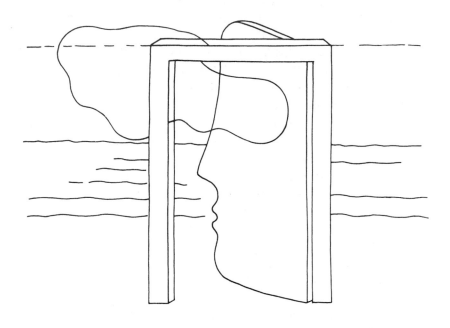

Toute rencontre commence par des pas nouveaux vers des demains éblouis. Puis le présent arrive et la relation se construit aux pas à pas de chaque jour.

8. Le déplacement de communication (demandes et réponses travesties)

> *« Même quand il parle, il se tait encore. »*

Dans la pièce de théâtre de J.-P. Wenzel intitulée *Loin d'Hagondanges* et qui met en scène la vie d'un couple de retraités, il se passe ceci :

Lui : « Tu viens faire la sieste avec moi ? » (besoin de contact physique, de chaleur, de faire l'amour peut-être).
Elle : « Non, j'ai beaucoup à faire ; je n'ai pas beaucoup de temps tu sais… je n'ai pas sommeil. »

Il lui demande ce qu'elle n'a pas envie de lui donner.

Plus tard, dans l'après-midi, elle vient dans l'atelier où il travaille et lui apporte un gâteau fraîchement sorti du four.
Elle : « Regarde ce que j'ai fait pour toi, je sais que tu les aimes. »
Lui, sans un mot, donne un violent coup de marteau dans le gâteau.

Elle lui donne en abondance autre chose que ce qu'il attend.

Nous arrivons ainsi à ce paradoxe fait de l'impuissance à accepter la souffrance faite à l'être aimé.
Accepter cette souffrance inévitable que je peux faire à l'autre, ou qu'il se fait à travers moi, sans me détruire avec ma culpabilité, ma honte, mon angoisse.
Combien de violences, ouvertes ou cachées, disent la frustration renouvelée, inévitablement imposée par le quotidien.

Il s'est réveillé très tôt et a tenté une caresse vers elle, il a peut-être même chuchoté « J'ai envie de toi ».
Elle dormait et s'est enfoncée un peu plus dans son sommeil.
Il restera éveillé ainsi et quand elle fera des avances, il se lèvera ou prendra un livre…
Elle avait une manière de résister à la mesure de son envie.

> *Ce qui faisait dire à un Italien de ma connaissance (certainement sexiste) :*
> *« On dit que les hommes connaissent cent façons de faire l'amour, moi je sais que les femmes en connaissent mille de ne pas le faire. »*

Lui : « Je suis crevé ce soir » (épargne-moi, ménage-moi pour ce soir).

Elle entend : « Si je lui demande de sortir, de s'occuper de moi, il va encore penser que je l'accapare, que je l'étouffe, que je demande trop. Ce n'est pas vrai que je demande trop, la preuve : Je ne demande rien, là, puisqu'il est crevé. »

Elle peut développer de l'attention protectrice :

« Couche-toi, je vais te faire un plateau, une tisane. »

Plus tard, lui : « J'ai eu un coup de pompe en rentrant, c'est passé, on pourrait (ou on aurait pu) sortir... »

Ce qui invite à s'interroger sur la « comptabilité secrète » des couples (voir plus loin), sur l'étrange alchimie où se mélangent des « plus et des moins », des « moi pourtant j'ai fait ceci et toi tu n'as pas fait cela », des « tu aurais dû puisque moi j'ai... », les « moi je, alors toi tu... ».

Dans cette comptabilité plus ou moins consciente, le moins pèse souvent plus que le plus :

« Ton non-désir prédomine sur mon désir. »

« Mais c'est ma liberté de dire non ou d'exprimer ce que je ressens dans le moment même. »

« Pourquoi dois-je être pollué par ce qui ne va pas chez toi, par ce qui t'atteint ou te déplaît ? »

« J'ai envie d'être joyeuse, riante, je suis détendue et tu "m'empêches de l'être" à cause de tes soucis. »

« Ta tristesse (ou ta joie) devient indécente quand moi je suis gai (ou que je souffre). »

« Je suis bouleversé par mon indifférence à ce qui t'arrive. »

« Comme je veux tout, je ne peux rien recevoir en dehors de ce tout. »

« Ce n'est que maintenant, après dix-huit ans de vie commune, que j'accepte la différence entre elle et moi, sans chercher à la combler, à la réduire comme j'ai fait sans relâche, et c'est épuisant, pendant tant d'années. »

> *La détérioration profonde commence quand les non-affinités sont plus importantes que les affinités.*

9. Le décalage des attentes, des sentiments

Chaque couple risque d'oublier qu'il s'agit chaque fois de deux êtres uniques, « étrangers » dans leur rythme, leurs besoins, leurs attentes.

Jean est parti en voyage d'étude durant un mois en Amérique Centrale. Durant son absence, Marie a tout pris en charge et est très satisfaite d'elle-même.

Au retour de son mari, elle s'attend à ce qu'il manifeste de la joie, du plaisir à revenir. Et lui n'a pas encore fait le deuil de son séjour. Il a vécu beaucoup de choses, il revient plein de vie mais avec la nostalgie de ses découvertes là-bas.

Elle ne supportera ni la vitalité nouvelle ni la nostalgie de son mari et, quelques jours après son retour, fera une dépression nerveuse.

Il n'a pas senti que son départ n'avait pas été réellement accepté et que « le prix à payer » aurait été « qu'il se sente mal là-bas et insatisfait de son séjour ». Tout se passe comme si l'un disait à l'autre : « Seule ta souffrance peut me payer de la mienne. »

Il n'a pas senti non plus que son retour avait été idéalisé, les « grandes retrouvailles », et qu'elle est déçue qu'il ne reconnaisse pas combien elle s'était bien débrouillée seule.

Quant à lui, peut-être, il aurait aimé qu'elle se soit « moins bien débrouillée » pendant son absence.

« Si je suis trop demandeur… je ne peux rien donner. »

LE RYTHME

> « *Mon rythme ou mon besoin c'est d'accueillir une caresse, un baiser, pas une avalanche de tout cela.* »

Le décalage peut survenir aussi des rythmes de vie, de paroles, de stimulations. L'un disait :

« Dans mon couple, je vis à quinze à l'heure alors que je sens en moi des possibilités d'aller à quatre-vingts ou cent. »

Tel autre :

« Les soirées où je suis seul, c'est formidable tout ce que j'arrive à faire sans fatigue, je n'ai jamais envie de me coucher. Les autres soirées, je me gaspille, je m'use à ne rien faire... Ainsi le temps se meurt » (et la relation aussi, doucement).

> « *Je m'épuise à vivre ses horaires, et je sens que mes désirs n'ont pas d'horloge.* »

« En clair quand j'ai besoin de lui, il n'est pas disponible et quand il l'est, il est trop tard. C'est bête à dire, mais c'est ainsi que je le ressens et c'est plutôt frustrant... »

« Il me demande ce que je n'ai pas, je vais donc essayer désespérément, de toutes mes forces, de le lui donner (en niant que je ne l'ai pas). Puisqu'il me le demande c'est que je dois l'avoir.

Il m'aime pour ça. Il m'aime donc pour ce que je n'ai pas. »

« Je recherche un homme fort, vrai, sincère, car je ne me sens ni forte, ni vraie, ni sincère. Et quand je l'ai trouvé, je ressens alors plus fort le décalage — il va se rendre compte de tout ce que je n'ai pas, ça ne va pas durer.

Toutes mes relations sont fondées sur la crainte de décevoir, que l'autre se rende compte que je ne suis pas comme lui... et donc qu'il me rejette. »

Et elle dira: « Il me refuse toujours ce que je peux lui donner, alors j'essaie de donner, de donner en abondance tout ce que je n'ai pas, et tout ce que j'ai m'étouffe à force de le garder inutile. »

LE TEMPS

L'incompréhension réciproque dans un dialogue intervient aussi lorsque chacun parle à partir d'un temps différent. Il s'agit le plus souvent des interférences, de l'ingérence du passé immédiat (mal vécu) dans le présent.

Jean parle à Marie « ici et maintenant » (mardi 20 h) :
« Qu'est-ce que tu penserais d'aller à la montagne cet été ? »
Et Marie répond à Jean dans la suite logique (pour elle) de
« ailleurs et hier » (lundi 10 h): « Tu n'es jamais d'accord avec
moi. Fais ce que tu veux. »
Marie est restée sur une frustration ou une agression
antérieure, alors que Jean est dans un tout autre état d'esprit. Il
ne comprendra rien à la réponse de Marie, en sera blessé, et le
décalage risque de se poursuivre dans une escalade de privations mutuelles.

Le malentendu par décalage dans le temps est lié aussi à la
non-reconnaissance du changement ou de l'évolution de l'un des
partenaires.

« Puisque l'année dernière il ne voulait pas que nous ayons des
chambres séparées, je ne le crois pas quand il dit maintenant
qu'il le souhaite aussi. Il cède à ma demande ou il veut me mettre à l'épreuve. »
Alors qu'il a peut-être cheminé depuis un an dans le sens d'une
possibilité qu'elle lui avait ouverte.
Nous utilisons souvent ces mots dangereux « toujours » et
« jamais » en parlant de l'autre, tendant ainsi à le figer dans des
attitudes immuables.
« Toujours » et « jamais » accompagnent surtout les reproches,
qui perdraient du poids s'ils étaient situés avec précision dans le
temps et l'espace d'une relation.
« Nous n'avons pas été au cinéma depuis trois mois » devient
« nous ne sortons jamais ».
Souvent cette ingérence du passé se rapporte aux figures
parentales intériorisées par chacun des membres du couple. Elle
sera plus difficile à gérer...

Ma grand-mère affirmait souvent :
La liberté la plus difficile c'est d'avoir à choisir entre
plusieurs plaisirs, plutôt qu'entre plusieurs contraintes.

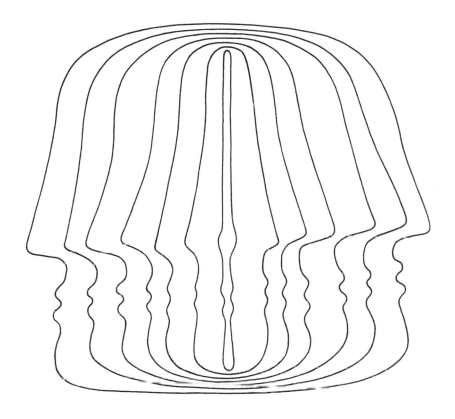

Le merveilleux de l'échange, dans une rencontre, c'est de se dire justement ce que l'on ne sait pas encore soi-même. Ce qui était pressenti par chacun et va se révéler justement en l'énonçant.

> *C'est celui qui entend, ou qui reçoit, qui va donner son sens « relationnel » au message. En effet, mon « je t'aime » peut être entendu et reçu comme une marque d'amour, comme une plainte ou une agression supplémentaire — il s'inscrira dans la relation avec une charge particulière.*

10. Cécité, surdité, sélectivité dans l'échange et l'écoute

Nous avons tous une propension à sélectionner, sans le vouloir nécessairement, dans le discours de l'autre, des éléments que nous entendons en les amplifiant (majoration) ou en les ignorant (minoration).

Certains entendront surtout ce qui les blesse et négligeront les aspects valorisants.

D'autres éviteront principalement d'entendre ce qui pourrait les déranger ou leur faire mal.

Celui qui s'exprime sélectionne aussi et sera plus obscur, plus indirect sur les points qui lui paraissent difficiles à accepter pour l'autre.

Il raconte l'histoire suivante :

« Ma femme rentre un soir et m'annonce: "C'est fini, j'arrête de travailler avec ce type".

Elle me dit qu'elle se sentait très attachée, très proche de son directeur, mais que la femme de celui-ci n'accepte pas cela. Son directeur lui a demandé de changer de service. Elle a préféré partir. J'ai été ébahi en entendant cela :

— Tu ne m'avais jamais parlé de ta relation au directeur.

— Mais si, très souvent.

— Je croyais seulement que tu aimais ton travail. »

Elle aimait le directeur.

Il croyait qu'elle aimait son travail, et d'ailleurs dans le discours, il annule le « C'est fini » pour majorer le « Je ne travaillerai plus ». Or c'est la partie annulée qui est la plus importante pour elle: « C'est fini entre lui et moi puisque sa femme y fait obstacle et qu'il écoute sa femme. »

Ils discuteront une partie de la nuit sur « retrouver du travail ou non ».

Sa sélectivité dans les séquences du discours de sa partenaire aura des conséquences dans leur relation. Il est vraisemblable que sa femme ait envie de parler, de s'exprimer sur sa relation et surtout sur le sentiment de « rejet » qu'elle vit.

> *Dans un couple, l'écoute est souvent liée à un « sentiment essentiel » que nous attendons de l'autre, celui d'être reçu, entendu, reconnu là où nous sommes. Qu'il nous rejoigne là, et pas ailleurs.*

Pour rassurer l'autre ou moi-même, j'en viens à nier, au nom d'une constatation objective, le sentiment qu'il tente d'exprimer :

« Je suis déprimé ce soir.

— Mais il n'y a pas de quoi, tu devrais être content de ceci ou de cela. »

« La réalité ne rassure pas... au contraire » (ma grand-mère), autrement dit L'ÉVIDENCE N'EST PAS TOUJOURS... ÉVIDENTE.

« Je suis un homme brillant, admiré, sûr de moi dans ma façon de me présenter, très écouté quant à mes opinions. Actif, je réussis ce que j'entreprends. C'est seulement avec ma femme que j'ai le sentiment de pouvoir parler en étant entendu.

À Elle, je peux dire que j'ai le sentiment d'avoir raté ma vie sans qu'elle me renvoie à ma réussite extérieure.

Je peux lui dire que je me sens coupable de ne pas travailler assez à ma thèse sans qu'elle me réponde que j'en fais déjà trop.

Je peux lui dire mes peurs sans qu'elle reflète que je suis justement celui qui rassure les autres... »

Les sentiments ont peu à voir avec la « réalité objective » ou avec la « réalité » de l'autre ; l'affectivité n'a pas de logique, elle est irrationnelle[1].

---

1. Le « bon sens », les « pieds sur terre », si souvent invoqués comme nécessaires, vont se heurter à l'arbitraire d'un inconscient « illogique » et irrationnel.

« *On se rate, on se manque, on ne se trouve pas.*
Lorsque l'un veut parler, l'autre n'écoute pas.
Lorsque l'autre sourit, l'un devient ombrageux.
Et ces cons de Je t'aime qui commencent par Je.
Ça marcherait mieux quelquefois si l'on disait tu es aimé.
Sans plus jamais parler de soi en premier. »

Chanson de P. Tisserand

Que de malentendus, de maladresses, d'incompréhensions, de fausses réassurances sont basés sur l'oubli de ce décalage entre la logique et l'affectivité.

« Je voudrais tellement que tu entendes mes sentiments profonds, ce que je vis moi, même si toi tu ne vis pas cela, même si cela te blesse que je puisse penser cela... »

L'écoute est aussi un sentiment négatif pour celui qui parle (et veut être entendu): « J'ai le sentiment que je parle dans le vide, que cela ne te fait rien, que tout cela n'est pas important pour toi... »

Chacun demande à être accompagné, compris, soutenu dans les sentiments qu'il vit, au lieu de rencontrer un conseiller ou un logicien qui va lui démontrer qu'il pourrait faire mieux, différemment ou être autrement.

> *Nourrir la déception est une occupation essentielle pour alimenter le ressentiment.*

11. Le ressentiment

Il n'est pas possible qu'il n'y ait pas de ressentiment réciproque dans un couple, du fait justement de l'accumulation ou de la répétition de malentendus, d'incompréhensions.

Comment ce ressentiment est-il exprimé ?

nié ?

caché ?

déformé ?

masqué, déplacé ?

Le mot rancœur vient du mot *rance* qui signifie « fermenté, gardé trop longtemps enfermé ».

Le ressentiment sera le souvenir (rumination) d'une injure, d'une humiliation, d'une frustration et le désir d'en réparer la souffrance en faisant payer l'autre.

Pierre téléphone à Jeanine :

« Es-tu libre ce soir ? J'aimerais te voir. »

Jeannine (ressentiment exprimé) :

« Non, tu n'étais pas libre la semaine dernière, quand je l'étais, alors ne compte pas sur moi ce soir. »

(Ressentiment non exprimé directement):

« Non, je ne suis pas libre. C'est dommage, cela t'aurait fait plaisir ? »

Ils doivent sortir. Il est en retard. Et quand il arrive, elle ne dit rien, « avale sa rogne », comme on dit. Mais c'est une digestion difficile. Dans la voiture, il s'étonne : « Tu es fâchée ? mais qu'est-ce que tu as ? »

Elle éclate alors... et il ne comprend pas qu'elle lui gâche la soirée comme ça. Il serait tenté de penser qu'elle le fait exprès.

Dans le ressentiment sourcent et fleurissent les jeux du « Je lui en veux de son travail et lui m'en veut de ma relation avec maman » ;

« Je lui en veux d'être séduisant (et trop souvent séduit par d'autres) et lui m'en veut d'être triste, déprimée, plaintive, malade... seulement avec lui » ;

« Je lui en veux de m'être privé, d'avoir souffert en silence, surtout sans qu'elle le sache » et l'autre de répondre sans jamais le dire :

« Je lui en veux de tout garder pour lui, de ne jamais se confier ; de ne pas savoir où il en est, quels sont ses sentiments réels... »

> *Quand le filet tentaculaire de l'enchevêtrement des frustrations envahit tous les espaces de vie.*

Il arrive fatigué (avec peut-être le désir de se faire plaindre ou protéger). Ce soir-là, elle est particulièrement joyeuse, enjouée, heureuse. Il va lui « en vouloir » et lui gâchera sa soirée par sa bouderie, son mutisme, ses refus.

Le ressentiment vient aussi des attentes contradictoires et de l'ambivalence que nous avons à l'égard de « l'avoir » ou du « manque » de l'autre.

« Elle a ce que je n'ai pas, et que j'ai admiré beaucoup en elle, c'est même cela qui m'a attiré... mais je lui en veux de l'avoir. »
« Je t'ai vue d'humeur égale, équilibrée. Tu avais fait des études, tu t'intéressais à des tas de trucs et ça me mettait mal à l'aise. »

Ce qui me renvoie à mon « mauvais caractère », à mes contradictions, à mon insuffisance culturelle...

Plus tu es parfaite, calme, arrangeante, plus je t'en veux car cela me renvoie à mes difficultés.

« J'ai essayé d'être sans défaut comme tu voulais (ou comme je croyais que tu m'aimais). J'ai essayé de changer et je t'en veux, car tu aurais dû m'accepter comme j'étais. »
« Mais je t'en veux de tout cela car je sais bien que tu ne m'aimes pas comme je suis réellement (comme je me sens au fond). »

Elle peut lui dire (discours personnel):
« Grégoire, notre fils, t'aime mieux que moi. »
Elle pourra dire (discours social) :
« Je suis heureuse que mon fils aime son père, qu'ils s'entendent bien tous les deux. »
Elle ne pourra pas lui dire sa souffrance, son ambivalence (discours interne) :
« Et je t'en veux d'entretenir cela. Mon fils n'accepte plus mes caresses à moi. Entre lui et toi tout est facile ; avec moi ça ne marche jamais ou alors au prix de trop d'efforts. »
« C'était un oiseau noir, triste, dévitalisé. J'ai voulu lui rendre la vie, le sauver et faire avec lui un couple heureux. Je me sentais chargée de son bonheur. J'ai accepté tous ses caprices, toutes ses déprimes. Je me suis mise à son service pendant des années.
Le sens de son chagrin, je ne l'ai appris que dix ans après : c'était une autre femme qui l'avait abandonné.
Alors je l'ai agressé, j'ai voulu le démolir... comme s'il m'avait trompée en étant capable d'aimer une femme qui devait l'abandonner. »

Le ressentiment est nourri de déceptions vécues, à travers une multitude de petits détails plus ou moins insignifiants (paroles, regards, mimiques, gestes, qui sont vécus comme autant de restimulation à un manque, une insuffisance, une dévalorisation inscrite depuis longtemps dans les schèmes relationnels de l'un ou l'autre).

Quand il ou elle a l'attitude exactement inverse de ce qu'elle ou lui se sent « en droit d'attendre dans la situation ».

Par exemple, il est fatigué, rentre tard. Il souhaite être accueilli. Elle dira : « Je t'ai attendu jusqu'à maintenant, je vais me coucher. »

Des rencontres de clarifications faisant fonction de « purges » seraient nécessaires parfois, pour éviter l'intoxication, la pollution relationnelle issue de la vie partagée.

> *La dynamique de l'allumette ou comment s'arranger pour être souvent frustré.*
> *Comme ces personnes qui allument une allumette et qui, ne voulant pas la laisser traîner, la remettent dans la boîte. Ainsi chaque fois qu'ils puisent dans cette boîte, ils tirent le plus souvent l'allumette déjà morte !*
> *Leur déception ne les décourage pas à poursuivre cette démarche.*

C. Roy parle d'une « incessante alchimie » qui transforme le sentiment refusé en ressentiment, l'amour renié en désespoir, l'amour trahi ou qu'on a cru flétri en haine. La communication amoureuse, trop chargée de sentiments, est fragile. Une ombre, un souffle, une menace imaginaire ou réelle lui donnent la fièvre et l'échange devient crispé par l'angoisse, distordu par les supputations, violenté par les sourdes récriminations.

Lorsque le présent nous renvoie au passé, nous essayons soit de soigner des blessures inachevées restées trop ouvertes, soit de les raviver, de les gratter, de les entretenir pour nous confirmer dans notre malheur.

- Pourquoi n'ai-je pas eu ce dont j'avais besoin ?
- Pourquoi ne m'a-t-on pas donné l'essentiel sans que j'aie à le demander ?
- Pourquoi tant d'attentes, d'espoirs déçus, de souffrances, d'ingratitudes ?
- Celui que j'ai tant aimé, qui était tout pour moi, pourquoi ne m'a-t-il pas aimé, accepté, satisfait ?

> *Quand je dis non à mon plaisir... à quoi, à qui je dis oui !*

- Pourquoi ai-je dû réagir avec froideur, rancune, haine, refus et fait tant d'efforts pour tenter de le chasser de mon existence ?

« Il me comble d'attentions, de cadeaux et de soins. Il est trop gentil, toujours prévenant avec moi... et cela me met mal à l'aise. J'ai l'impression que je ne le mérite pas, qu'il me donne ainsi une valeur que je n'ai pas, et je lui en veux. Aussi, je ne manque pas une occasion de lui faire des reproches, de le contrer, de mettre en doute ce qu'il fait, ce qu'il est. Je m'acharne à lui renvoyer mes propres doutes sur moi, ma non-valeur insupportable, je la lui refile... »

Contre tout cela, réactivé, ravivé dans ma relation actuelle, je vais me défendre par la distanciation, l'oubli, la distraction, le refoulement ou le ressentiment.

Je vais aussi tenter de racheter mon passé et de le restaurer dans ma relation actuelle avec l'être choisi.

La haine et la culpabilité peuvent être des liens très puissants, quasi indissolubles, car alimentés en des sources multiples.

> *Je me débrouille très bien pour ne pas faire ce que j'ai envie de faire et garder ainsi « mon insatisfaction » que je peux alors reporter sur l'autre.*

12. L'agressivité indirecte

Liée à la peur de l'agressivité directe, souvent vécue comme destructurante ou définitive, l'agressivité indirecte peut se comprendre aussi comme autant de demandes, d'appels. Elle s'exprime de façon multiple dans un couple.

L'agressivité indirecte est peut-être plus nocive que les conflits ouverts. Elle se manifeste de façons différentes dans des comportements à répétition :

« Tu es libre, fais ce que tu veux... mais regarde ce que je suis devenu(e) par ta faute. »
Elle dira:
« Je comprends très bien que tu ne sois pas disponible, que tu ne veuilles pas me prendre en charge ; d'ailleurs moi aussi je veux être indépendante. Je ne veux pas m'aliéner, attendre de toi plus que tu ne veux me donner.
J'ai pris la liberté que tu souhaitais me voir prendre, j'ai d'ailleurs un amant avec qui je suis maintenant dans un terrible pétrin (à cause de toi). Je l'aime et il ne m'aime plus, tout cela est de ta faute. »
« Tu as voulu que je sois indépendante, je le suis, et j'en souffre, à cause de toi. »
Elle est en voyage et lui téléphone à la maison.
« Allo, ça va bien à la maison ? Qu'est-ce que tu fais ce soir ? »
— Oh ! je m'ennuie, comme d'habitude. Tu sais, tout seul, c'est pas marrant. Et toi, tu vas sortir ? »

Tout se passe comme s'il s'agissait de faire payer à l'autre le « plaisir » qu'il pourrait avoir, en se plaignant de ne pas en avoir.

« Qu'est-ce que tu as à la main ?

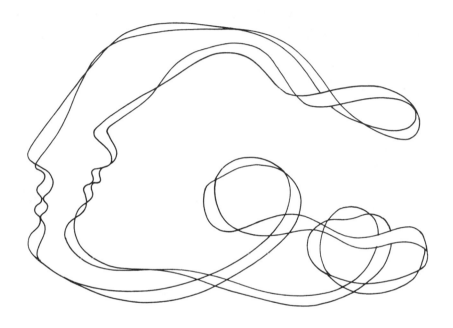

Il y a aussi la liberté de dire l'ambivalence
(ou le désarroi) en exprimant une chose par ses paroles
et le contraire par son comportement.
À l'autre de ne pas obéir à « l'injonction » contenue dans
chaque expression.
Si l'un dit : « Je viendrai peut-être, mais ne m'attends pas »,
que va faire l'autre ?

— Oh, ce n'est rien, je me suis blessée en sciant du bois. La provision était épuisée, tu n'avais pas eu le temps de le faire et je savais que tu aurais envie d'un feu dans la cheminée en rentrant. »

Je me/te punis de ce que je te donne.
Je te punis en te culpabilisant sur le plaisir que tu pourrais avoir (sans moi, ou ailleurs).

« Je fais toutes ces heures supplémentaires pour que nous puissions nous offrir des vacances telles que tu les souhaites. Je suis trop fatigué pour avoir envie de faire l'amour ce soir. »

Agressivité indirecte aussi :

• Par les actes manqués (ce sont les mieux réussis) :

Oublier de téléphoner au garage (elle trouve qu'il pourrait s'en charger lui-même) ;
Oublier les anniversaires (du mariage) ;
Perdre, casser des objets, avoir des accidents... ;
Oublier les projets[1] évoqués en commun.
• Par la maladie, les malaises (« Vois ce que tu m'as fait ») et somatisations multiples qui « habitent » la vie d'un couple :

« Pas digéré ton repas », mal au foie ;
la migraine, la fatigue (au moment de sortir, de faire l'amour).
Gâcher le plaisir possible d'un jour de vacances, d'un moment de détente par une plainte qui se joue ailleurs.

• Par les récits sur un autre couple:
Elle raconte comme son amie Julie souffre des silences, des absences, des bouderies de son mari.
Ou alors la chance qu'a son amie Paule d'avoir un mari aussi attentif, aussi prévenant.

---

1. Une aliénation puissante dans un couple, c'est le « vivre sans projet en commun ». Chacun a des projets sur l'autre, pour l'autre, mais aucun ne construit de projet en commun. Le projet en commun est aussi la relation du couple elle-même, dans son renouvellement.

Il fait l'éloge des voisins qui ont des enfants si éveillés, si sensibles… Dans un couple, le discours fréquent sur un tiers (objet des désirs et des craintes) peut aussi remplacer la communication de personne à personne. Ce tiers joue le rôle de « déviant » à une communication possible : en parlant de lui, on évite de se parler.

Des sentiments non exprimés pourraient parfois être résumés ainsi :

« Tu me prends pour quoi ? pour qui ? »
« Qui exploite qui ? »
« Qui fait violence à qui ? »
« Sais-tu " réellement " qui je suis ? »

« Dans Ménagère il y a Mégère » (M. Chappaz) et toute l'usure des tâches à répétition jamais finies… et des rôles inscrits dès l'enfance, entretenus par l'autre (ici par l'homme).

Être la bonne à tout faire.
L'emmerdeuse ou le tyran.
Ou le gagne-fric… ?

L'indifférence laisse s'écouler le temps et se réduire à petit feu, à petits moments, la relation. Quand aucun n'a le goût, le désir d'entretenir une vie, un échange, d'être une stimulation vivifiante pour l'autre.

> *C'est l'un des inconvénients de la communication humaine que la satisfaction spontanée ne puisse être obtenue d'une autre personne sans créer un « paradoxe d'échec ».*

13. Les messages « impossibles »

Ils sont fréquents dans la relation amoureuse et les relations proches, où le désir se porte surtout sur le désir de l'autre.

• Quand je déplace mes peurs sur l'autre (au lieu de lui en parler).

« J'ai peur de mon sexe (on m'a toujours dit que c'était sale), mais je dis que c'est l'autre qui ne sait pas faire les gestes, qu'il ne s'intéresse pas ou s'intéresse trop à ça et pas assez à moi. »

• Quand je lui demande (parfois en refusant de le demander) qu'il me demande.

Ex. : Je voudrais que tu me demandes
de faire l'amour…   } sans que je le
Je voudrais que tu aies un désir pour moi… } demande!

Car le seul fait d'avoir à le demander rend la demande caduque puisque ce qu'il demande, justement, c'est de ne pas avoir à demander.

Elle a besoin d'une marque d'affection de la part de son partenaire et finira par lui dire :
« J'aimerais bien que tu m'apportes des fleurs de temps à autre. »

Cette demande tout à fait compréhensible devient paradoxalement vouée à l'échec dès qu'elle est formulée. Si son partenaire tient compte de sa requête, elle se sentira insatisfaite (ça ne vient pas « réellement de lui »).

Mais peut-être aussi aura-t-il entendu la demande d'attention, de tendresse, qu'il aura alors à « faire passer », à faire entendre sans se laisser arrêter par un refus ou une plainte supplémentaire.

Nous avons parfois des demandes impossibles — en ce sens qu'elles sont inacceptables par l'autre, parce que trop porteuses d'angoisse et de risques.

« Accepte tout ce que je fais sans m'en vouloir, si tu m'aimes. »
« Ne t'inquiète pas de cette relation (que j'ai avec une autre), tu sais que c'est toi la plus importante. »

> *Je voudrais que tu sois celui/celle que tu n'as pas voulu être/ne peut être.*
> *Nous voulons souvent que l'autre soit quelque chose d'autre (que justement il n'est pas).*

• Quand la demande porte sur le manque de l'autre (ce qu'il n'a pas, ce qui ne l'intéresse pas).

« Tu pourrais t'intéresser à ce que j'aime (Jean-Paul Sartre, la littérature soviétique, la science-fiction… les bandes dessinées) ou maigrir de quelques kilos… »

• Quand la demande porte sur un manque chez soi, elle se développe sur le mode frustration/agression.

« Tu ne me donnes pas la tendresse dont j'ai besoin (et je t'en veux). »
« Tu ne vois pas ce qui me ferait plaisir, rester à la maison, au lieu de courir toujours aux quatre coins du monde… »

Tout ce qui me manque, je dis qu'elle ne me le donne pas et je transforme ainsi ma demande et mes non-demandes en reproches.

• Quand la communication se fait à travers les doubles messages, appelés aussi *double-bind* = doubles contraintes.
Le double message est coercitif, il exerce une contrainte décourageante: demander quelque chose et l'annuler en même temps en disqualifiant soit la réponse soit la demande elle-même.

« Je voudrais te dire quelque chose, mais je sais que tu n'as pas le temps de m'écouter, que tu ne comprendras pas, que ça ne servira à rien. »

« Je veux avoir un enfant de toi, mais je sais que c'est trop tard, tu n'en veux pas, je suis trop vieille... »

Et celui-ci, qui en fait trop, dirait : « Comment ne rien faire pour que je puisse te combler ? »

« Je veux t'offrir ceci.
— Et si je n'aime pas ?
— Ah ! tu mets encore des conditions. »
Dialogue sans issue:
« Est-ce que tu m'aimes vraiment ?
— Oui, beaucoup.
— Ce n'est pas vrai, car si tu m'aimais, je le sentirais, je n'aurais pas besoin de te le demander. »

L'un, le « piégeur », impose à l'autre, la « victime » (l'un et l'autre le plus souvent inconscients), deux injonctions simultanées qui vont être contradictoires et telles qu'on ne peut obéir à l'une sans désobéir à l'autre, mais telles dans leur style que leur contradiction n'est pas apparente et telles qu'il n'est pas possible d'échapper à l'étreinte qu'elles constituent, si bien qu'un tel piège appelle une réponse folle ou une réponse piégée et développe chez celui qui la reçoit un sentiment d'impuissance, de dévalorisation et parfois de révolte sauvage.

C'est un procédé souvent involontaire mais puissant d'agression mentale.

Elle lui achète et lui offre deux cravates, une rouge et une bleue :
« J'ai pensé à toi, ce sont les couleurs que tu aimes », lui dit-elle.
Le lendemain, il mettra une des cravates, la bleue, et elle lui dira :
« Tiens, tu n'as pas mis la rouge ? »

Il lui dira, sans prendre conscience de son attitude paradoxale :

« N'écoute pas toujours ceux qui te disent ce que tu dois faire, affirme-toi, bon sang... »
Comme cette sage-femme qui crie à la parturiente au moment de l'expulsion :
« Ne faites pas l'enfant... poussez donc. »

> *La prévision acharnée de l'imprévu est une activité qui occupe au moins à mi-temps certains partenaires dans un couple.*

« J'aimerais que tu sois plus soucieuse de ton apparence, plus élégante, mais je n'ai pas envie que tu le fasses pour moi ou selon mes goûts... je voudrais que cela vienne de toi, tu en aurais envie pour moi. »
« Sois donc spontanée avec moi comme tu l'es avec d'autres ! »
« Tiens-toi droite, mais ne montre pas ta poitrine comme ça ! »

En fait, toute relation conjugale est fondée sur un curieux paradoxe — qui se développera en des messages contradictoires ; nous l'exprimons globalement par le **devoir désirer rester ensemble.**
Pour durer, pour atteindre des buts communs, pour bâtir « quelque chose qui soit plus que nous deux » : « Tu dois désirer rester avec moi. »
Cette injonction implicite annule le désir désirant qui doit trouver d'autres chemins, d'autres sources pour se « couler librement » vers... un autre désir désirant.

> *« Une quête éperdue commence qui n'aura pas de terme. L'amour qui cherche à se démontrer, démontre seulement qu'il n'est plus de l'amour. »*
>
> C. Roy

14. L'importance de la présence du passé

> *Dans la rencontre d'un homme et d'une femme, il y a chaque fois un enfant qui s'engage dans une course nostalgique, à la recherche d'une unité originelle perdue.*

L'immensité et la profondeur du passé de chacun sont sans cesse « présents » dans le vécu du couple.

Avec un risque fréquent de répétition dans la dynamique relationnelle de chacun des partenaires.

Cette présence inévitable du passé (nous mettons longtemps à découvrir que nous sommes six au moins dans le lit pour « faire un enfant » et parfois beaucoup plus) s'exprime dans des conduites qui traduisent le poids et la force des images parentales intériorisées par chacun dans des couches successives de la personnalité.

« J'ai pris quelqu'un à l'opposé de mon père qui était viril et violent. Mon mari ne s'énervait jamais. Il a été le père que j'aurais voulu avoir, pas le mari. Pendant les trois ans de notre mariage, je suis restée vierge, sans jamais pouvoir faire l'amour avec lui. »

La relation de couple traditionnelle, c'est-à-dire celle qui est la plus fréquente même actuellement, se situe dans le prolongement de la relation mère-fils et mère-fille[1]. La femme va rendre à l'homme les mêmes services que sa mère lui donnait: elle le complétait (« ma moitié »), le rassurait, le nourrissait, l'entretenait, se dévouait, passait sa vie pour lui. Quand la femme refuse ce rôle, modifie son espace, révèle ses propres demandes, l'homme se sent dépossédé, trompé, trahi, parfois orphelin avec tout ce que cela implique d'angoisse, de détresse (cachée par des réactions de fuite, d'agressivité, de mutisme). Cette absence de repères va se renforcer par l'ambiguïté de certaines démarches des « nouvelles femmes ». La recherche, l'exigence de liberté se fait aussi à l'intérieur d'une recherche de sécurisation affective accrue. « Une plus grande liberté se paie toujours par de l'angoisse, c'est-à-dire des régressions. »

---

1. Voir Christiane Olivier : *Les enfants de Jocaste*, Éd. Denoël/Gonthier.

L'homme va être rejeté et recherché. Elle le repoussera comme protecteur, tout en réclamant le droit de se réfugier quelquefois dans ses bras. « Laisse-moi faire ce que je veux, mais j'ai besoin que tu sois là » ; « Laisse-moi partir, mais garde-moi quand même ».

« J'ai besoin d'espace, de décisions personnelles, de tâtonnements mais reste présent, il ne s'agit pas de rejet de toi… »

Les images « parentales » inscrites, portées, entretenues ou rejetées par chacun d'entre nous sont des sources de conflits, de malentendus innombrables.

Elle a vécu dans sa famille les colères du père si elle-même ou sa mère arrivait en retard. Son mari, Paul, ne se fâche jamais quand elle rentre en retard. Elle imagine qu'il cache ses sentiments réels (il ne devrait pas supporter ces retards et réagir). Elle va donc le provoquer, en rajouter « jusqu'à ce que cela explose enfin ».

Elle a épousé un homme bien différent de son père et va tout faire pour qu'il devienne comme lui.

Dans cette compulsion à la répétition, on va se donner beaucoup de peine pour qu'il arrive justement ce que l'on craint. Nous dépensons des énergies folles pour déclencher et provoquer ce que nous ne voulons pas. Le mécanisme de la jalousie est éclairant à cet égard :

« J'avais bien raison de penser que je ne pourrais pas te suffire, que tu irais chercher ailleurs, que tu m'abandonnerais… aussi j'ai participé activement à faire cette preuve-là… ». « Parle-moi, mais parle-moi donc ! Tu ne dis jamais rien, tout ce que je te propose tombe à plat, tu ne t'intéresses à rien (de ce qui m'intéresse), tu es toujours fatigué(e)… »

Il va répéter ainsi à l'égard de sa/son partenaire les mêmes demandes dont il a été l'objet de la part de sa mère : « Sois comme je te veux. »

Constituer un couple, se marier POUR ou CONTRE l'image de son père, de sa mère, de ce couple-là (qu'étaient les parents), cela revient au même car on demande à l'autre, de toute façon, plus ou moins consciemment, de changer pour être plus ou moins contraire, plus ou moins semblable.

Ce qui fait beaucoup de demandes contradictoires adressées à l'autre à travers un désir multiforme : mes parents (ou les personnes significatives qui ont traversé et structuré mes premières relations)

tels qu'ils étaient;
tels qu'ils auraient dû être;
tels qu'ils avaient peur d'être.

Pas moyen d'échapper tout à fait à ses « désirs anciens ».

Il a eu une mère austère, dévouée, rationnelle, qui mettait l'accent sur le devoir, la logique, les idées, la rigueur sous toutes ses formes. Il s'est marié très tôt avec une jeune fille coquette, joyeuse, spontanée et parfois capricieuse.

Il lui reproche sa légèreté, son manque de logique et de rigueur, son absence de goût pour les débats intellectuels, son trop grand goût pour le plaisir facile.

Elle fait de gros efforts pour lui plaire (pour correspondre à ce qu'elle croit être sa demande) et va perdre l'insouciance, la spontanéité, la fraîcheur qu'elle avait.

Il lui reprochera plus tard ce changement... qu'il a contribué à provoquer.

La relation aux beaux-parents est souvent source d'innombrables plaisanteries qui ont des racines profondes et qui peuvent être des déplacements :

« Je ne peux supporter ma belle-mère, elle se mêle de tout. Nous allons la voir un week-end par mois. C'est une véritable corvée. Elle capte mes propres enfants comme si c'étaient les siens... »

En fait, c'est son mari qu'elle ne supporte pas, ou plutôt la relation que son mari garde et maintient avec sa mère. Elle n'accepte pas qu'il soit aussi attaché, dépendant... comme elle n'ose pas remettre en cause directement son mari... elle « attaque » sa mère devant lui, et ne sait pas que c'est justement cela qui est insupportable pour lui, il va défendre sa mère, se rapprocher... entretenir la dépendance.

Et si, plus tard, elle réussit à faire « décrocher » le mari, elle ne supportera pas davantage qu'il soit aussi dépendant à son propre égard.

> *Dans toute relation triangulaire, qui est trompé ? Soi-même, soi-même et personne d'autre que soi-même. Quelle que soit la position occupée sur le triangle.*

Comment renoncer à la nostalgie de tout ce qu'il faut abandonner et qui continue cependant à exister, sans nous… ?

Fais ce que tu veux... sauf me faire souffrir.
Fais ce que tu veux... sauf me contredire.
Fais ce que tu veux... sauf...

---

15. Les pseudo-contrats

Les partenaires vont « établir » implicitement ou explicitement un « accord », un « contrat » sur le permis, sur le pas permis, sur les possibles et les impossibles.

Ce contrat-là, et justement s'il est respecté, sera impossible à vivre, il sera insupportable et pourtant servira de référence. C'est dans le domaine affectif et sexuel que « les règles » seront énoncées avec le plus de contradictions. « Il faut tout me dire... à condition que je sois d'accord. »

Par exemple, il sera dit, dans ces contrats, ce que nous appellerons « la liberté sexuelle conditionnelle » :

« Tu es libre, à condition... »

• Tu es libre de tout me dire, à condition...
  que je ne sache rien,
  qu'il n'y ait ni lettre ni téléphone à la maison,
  que les autres ne soient pas au courant,
  que tu ne sois pas amoureux,
  que ça ne dure pas,
  que ta disponibilité ne diminue pas,
• Tu es libre de ne pas me dire mais de ne pas me mentir, à condition...
  que tu en fasses autant,
  que tu n'en fasses pas autant,
  que tu ne t'attaches pas,
  que les enfants ne voient rien,
  que ça ne soit pas fréquent,
  qu'il n'habite pas la même ville,
  que tu ne lui parles pas de moi,
  qu'il ne travaille pas avec toi,
  qu'il ne mette pas les pieds à la maison,

que je le connaisse,
que je ne sache pas qui c'est,
que ça ne soit pas pendant les week-ends et les vacances.

« Il faut tout me dire à condition que tu ne me dises… rien. »

Autant de doubles messages qui sont aussi piégeants que les silences et les mensonges.

Dans ces contrats, le prix à payer est toujours trop cher, pour l'un et/ou l'autre des partenaires.

La règle ou le contrat de « tout se dire » développera aussi un certain sadisme et un certain masochisme qui empoisonnera longtemps telle ou telle relation.

Le besoin de se sentir aimé est fréquemment lié à la souffrance… imposée à l'autre.

« Je te fais mal et je réclame une marque d'amour pour me payer de ma culpabilité. Je sais bien que j'ai tort de réagir ainsi et je m'en veux ; c'est pour cela qu'en plus j'attends de toi une marque d'attention, de tendresse. Mais, si tu t'en vas en claquant la porte parce que tu es à bout, que tu n'en peux plus… je t'en veux encore plus de ne pas m'avoir compris. »

Dans ce type de situation où l'un demande à l'autre : « Accepte que je te fasse souffrir pour que je puisse avoir la preuve de ton amour », toute fuite ou refus sera déprimant : « Ta non-confiance me déprime », ai-je entendu plusieurs fois.

> *« J'ai essayé de l'écouter et il ne veut rien entendre… »*
> *« Je veux que tu sois dépendante et aliénée à n'importe quel prix… parce que rien n'est pire que la séparation.*
> *Et c'est cela justement qui va nous séparer, nous perdre l'un à l'autre. »*

Parmi les pseudo-contrats, nous mettrons les deux alternatives relationnelles liées au désir de transparence, de partage : le tout-dire et le ne-pas-tout-dire, à différencier du non-dit.

TOUT DIRE

Dans les expériences que je connais, l'entreprise de tout dire dans une relation amoureuse est un très bon moyen pour la transformer peu à peu en relation d'amitié profonde. Les leurres tombent, les illusions s'effritent et même disparaissent, la colère, le ressentiment et l'espoir reprennent des dimensions raisonnables, le désir devient facultatif.

Transports et transferts s'effacent lorsque se dévoilent les projections; la tendresse et la confiance demeurent inépuisables et sans souffrance, avec seulement parfois un goût de nostalgie. C'est une longue démarche tâtonnante, pleine de crises, d'affrontements, de larmes et de rires aussi. Cela devient fascinant comme une initiation, chaque vérité nouvelle en appelle une autre, plus vraie ou différente.

Détruire peu à peu l'imaginaire pour rencontrer un peu plus de la réalité de l'autre et de soi-même, c'est un chemin laborieux, triste et beau comme la vie. Triste lorsque le mystère, l'inconnu mirifique et la magie diminuent, beau parce que c'est plus vrai. Dans ces vécus, le tout-dire, s'il est réciproque, opère une véritable transformation de la relation amoureuse.

Les enjeux se feront pour chacun entre garder un non-dit, un ne-pas-dire — comme un îlot, comme une terre mouvante salvatrice d'un peu de cet imaginaire nécessaire, vital à la relation amoureuse — et le tout-dire réducteur et démystifiant pour une relation moins excessive mais plus durable peut-être. Il peut y avoir aussi dans le tout-dire une tentative de sadisation inconsciente et tout au moins de pollution.

« Avec ton tout-dire, tu te délivres et tu laisses l'autre se débrouiller avec ce qu'il ressent. Tu te purifies en disant, mais l'autre se sent pollué par ce qu'il reçoit dans sa chair... et quand cette chair est la mienne, je dis non. »

NE PAS TOUT DIRE

Le ne-pas-dire sera lié dans chaque relation au code du silence et du dire. Du « tu » et du « parlé ». Ce code définit, très rapidement, dans une relation les domaines qui seront abordés avec circonspection et prudence, les zones de silence nécessaires, les sujets auxquels ni l'un ni l'autre ne touchera. Sur ce dernier point — les sujets intouchables — c'est comme un espoir un peu magique, une espèce de conjuration. Si nous n'en parlons pas, cela pèsera moins, n'existera pas.

Ainsi, il ne parlait jamais de ses sentiments pour ses enfants. Il laissait dormir sa blessure d'avoir été séparé d'eux. Quand son amie a « violé cet espace » de silence, il a répondu brutalement « je ne veux pas mettre cela dans notre relation ». Dans le ne-pas-dire (comme dans le dire) se révèlent des comportements agressants qui ne sont pas volontairement agressifs.

Elle disait : « Moi je fais plus facilement abstraction de mes frustrations lorsqu'elles ont été dites. Il faut que je gâche certains moments pour que d'autres soient dépollués.

Pour que ton absence d'hier et de demain ne soit pas dans ta présence d'aujourd'hui, le silence ne me suffit pas toujours, il me faut le remplir d'une information pour diminuer mes doutes. »

Ce qu'il faut savoir aussi, c'est que les zones de silence sont contagieuses, elles s'agrandissent, se propagent en d'autres domaines et ferment les dialogues possibles.

Elle lui dira: « Tu ne me dis jamais rien d'important. »

Il y aura aussi les pseudo-dialogues dans la création d'un triangle avec un tiers déviant dans le discours du couple. On ne se parle que sur un autre (enfant, parent, voisin, ami… connaissance proche ou lointaine). L'échange se fera toujours sur un autre, de préférence absent.

À l'aide de ce langage indirect, il sera dit beaucoup de choses, mais qui risquent de ne pas être entendues.

LE NON-DIT

Le non-dit peut servir à maintenir la fusion dans le sens où le dire révélerait les différences entre imaginaire et réel et, ce faisant, risquerait d'entraîner une déception, une séparation.

> « En ne disant pas, je maintiens la fiction, croyant que je ne suis pas éloigné de toi, que je te sais semblable dans tes options, dans tes goûts, dans nos intérêts et nos affinités… »
> « Si je dis, je prends le risque de révéler nos illusions. »
> « Je ne suis pas comme tu l'imagines, comme tu m'as aimé. »

En réduisant ainsi cette parole qui ne circule plus, en l'immobilisant, je maintiens la relation intacte-soudée mais dévitalisante car séparée de mes engagements réels.

Le non-engagement peut remplir cette même fonction.

Je ne m'engage pas dans des actes ou des sentiments car ce serait révéler toute une partie vivante de moi. Mais ce qui avait attiré mon partenaire c'était la partie blessée, désespérée, morte en moi, qui lui permettait de se sentir vivant, lui.

Dire, agir, être vivant révèle qu'on n'est pas :

• comme l'autre nous imagine,

• comme nous souhaitons être vus par l'autre.

« Tu n'es pas encore assez intime avec toi — malheureux — pour avoir à communiquer. »

H. Michaux

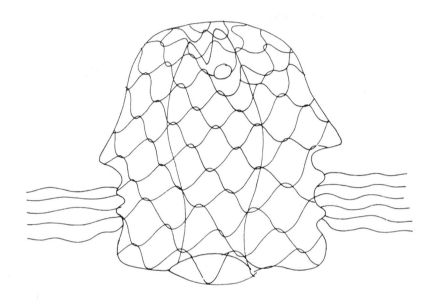

Quand on voit une étincelle… on va à l'endroit où elle tombe.
Il ne reste que cendre et nous oublions ainsi d'où elle est partie.

« Avec Marie, nous avons vécu de bons moments et aussi des périodes de fortes tensions, de malentendus permanents au cours desquelles j'ai pris conscience de la forte complicité que ces années de vie commune ont créée entre nous. Je lui reproche beaucoup et me sens frustré et incompris, mais combien cela m'arrange... elle doit le savoir quelque part elle aussi. »

«J'ai cru longtemps que l'autre
s'intéressait à moi parce que j'étais moi.
C'est vrai en partie, mais je ne dois pas oublier
que si l'autre s'intéresse à moi,
c'est parce que c'est lui!
La réciproque étant vraie,
le narcissisme de chacun
est sans arrêt confronté
à cette réalité implicite,
rarement énoncée.
Les reliquats de notre toute-puissance infantile
sont ainsi mis à dure épreuve !
C'est tellement gratifiant d'imaginer
que l'autre m'aime pour moi,
et tellement frustrant
de découvrir qu'il m'aime surtout pour lui!
Bien sûr, il y a des amours oblatifs
qui sont essentiellement centrés sur l'autre.
Ils sont sous-entendus par une dynamique du don,
de l'offrande gratuite.
Ces amours sont en général
accompagnés d'une relation
où dominent le donner et le recevoir,
dans laquelle demander et refuser
sont pratiquement absents.
Ils durent parfois longtemps, parfois !»

IV. Les jeux

Quand les vieux loups découvrent qu'il faut toujours se méfier des chaperons rouges en détresse...
Et quand les chaperons rouges s'interrogent sur le désir de leur mère de les envoyer seules en forêt...

« Ma souffrance n'est pas de te perdre
elle est dans la nostalgie
de n'avoir pas su te rencontrer
aux mille détours de notre vie commune. »

> « *Arriver si tard et si difficilement à comprendre toute la souffrance inutile que nous subissons (ou que nous imposons) et revoir toutes les occasions de bonheur simple où je ne me suis pas laissé aller à être là, présent, vivant, chaleureux, au lieu d'être ce masque prisonnier de mes peurs, raidi dans mes pensées sauvages...* »

Par « jeu », il faut entendre une action qui se répète entre deux personnes avec un enjeu (gain) et un prix à payer (coût).

Enjeu et prix à payer sont la plupart du temps inconscients pour les protagonistes.

Dans un couple, il existe deux types de jeu :

• les jeux de coordination/de coopération/de complémentarité dans lesquels les protagonistes sont partenaires;
• les jeux de conflits, d'opposition, d'annulation où les protagonistes sont adversaires.

Il serait possible d'affirmer qu'un couple « équilibré »[1] ou en harmonie est un couple où se combinent alternativement ces deux types de jeux, avec une réversibilité, une mobilité dans les rôles.

Par contre, si le premier type domine, il y aura risque d'ennui, de médiocratisation de la relation.

Si le deuxième type domine, le risque est la perte de l'autre ou l'usure, l'épuisement, la destructuration, le prix à payer devenant trop lourd à supporter[2].

1. Les jeux de complémentarité

Dans les jeux de complémentarité, tout se passe comme si les émotions étaient réglementées par des lois dont les partenaires ont peu conscience, mais qu'ils respectent. Chacun tient un rôle complémentaire à celui de l'autre.

---

1. Ma grand-mère disait : « L'équilibre, c'est le moindre déséquilibre. »
2. Voir à ce propos les théories d'E. BERNE : *Des Jeux et des Hommes – Que dites-vous après avoir dit bonjour ?* et toute l'école des thérapies de la famille fondées sur la théorie des systèmes (Jackson, Watzlawick, Framo...).

Les séquences de comportement s'enchaînent de façon répétitive et circulaire.

Elle a l'impression qu'il minimise un problème (celui que pose le comportement de leur enfant ou les difficultés de communication entre eux). Elle va donc donner beaucoup d'importance à ce problème, en parler, exagérer même ses inquiétudes. La réaction du mari sera de minimiser encore plus, pour compenser, et elle sera amenée à insister davantage pour compenser également.
Ce que fait l'un est renforcé par ce que fait l'autre.
Chacun en tire gain et frustration.

Cela peut se voir confirmé dans des positions et des jugements tels que :
« Les femmes font toujours des histoires et compliquent tout, rien n'est simple avec elles... » ou encore : « Les hommes ne comprennent rien aux sentiments, ils ne laissent jamais sortir ce qu'ils ressentent, ils ne sont pas capables de dépasser le niveau intellectuel, matériel, rationnel des choses... »
Parler de soi. Cela reste difficile, en particulier pour les hommes car dire de soi, se raconter « paraît incompatible avec la dignité masculine ». Beaucoup excellent à parler sur l'autre « tu es ceci, tu as fait cela, tu dis que... ». (Ma grand-mère disait que le tu tue...)
Ce qui explique qu'en cas de conflit majeur, l'homme fuit, avec succès souvent, dans le travail, le mutisme, la maladie ou le suicide réussi.

L'enjeu de la complémentarité sera de maintenir l'homéostase, d'éviter le changement, d'assurer la sécurité, l'harmonie, la paix. De niveler tous les risques de conflit possible.
Le prix à payer : se mutiler pour s'adapter à l'autre, se conformer, limiter les possibles.

Exemple d'un jeu complémentaire par accord inconscient sur les rôles de chacun :

Elle est toujours « demandeur ».
Il est celui qui octroie ou refuse.

S'il a envie de parler de ses soucis, il prendra un air préoccupé, soupirera, refusera de parler de lui-même, jusqu'à ce qu'elle lui demande, le supplie de lui faire assez confiance pour partager avec elle ses inquiétudes.

Il lui fera ce cadeau.
Elle le remerciera (mais aussi lui en voudra).

Un autre jeu complémentaire, peut-être plus pernicieux mais assez fréquent, est celui du :

« Je n'existe que si l'on a besoin de moi, je vais donc créer ce besoin chez l'autre à n'importe quel prix. »
« Laisse-moi te faire mal pour que je puisse t'aider. »
« Laisse-moi te blesser pour que je puisse te consoler. »

Elle a huit ans de plus que lui. Il apparaît comme serein, raisonnable, rassurant. Il sourit avec indulgence quand elle s'emporte, exagère ses inquiétudes, joue les petites filles impulsives.

LE JEU : « Si tu as besoin d'être un père, je serai la petite fille (et ça m'arrange). »

« Souvent je prends sur moi son trop-plein d'anxiété — j'augmente ainsi la mienne. C'est ainsi que je l'aime. C'est ainsi qu'il doit m'aimer, comme quelqu'un de plus anxieux que lui. Cela le rassure... et moi aussi. »
Il gère avec compétence les services techniques d'une municipalité moyenne, il s'y connaît en mécanique, il est actif au syndicat.
À la maison, sa femme s'occupe des papiers, impôts, assurances, de la gestion du ménage, car « Je n'y comprends rien, je serais incapable de me débrouiller », affirme-t-il souvent devant elle. Autrement dit, LE JEU : « Si tu as besoin d'être une femme de tête, je serai démuni devant la paperasserie (et ça m'arrange)» .
Quand tu te décourages, je suis pleine de confiance en l'avenir.
Quand tu es plein d'enthousiasme et de projets, je vois toutes les difficultés qui nous attendent.

Quand tu t'éloignes, je me rapproche.
Quand tu te rapproches, je m'éloigne.
Quand tu souris, je fais la tête.
Qu'arriverait-il si nous nous asseyions tous les deux du même côté de la balançoire ?

De toutes façons, dans la plupart des relations de longue durée, il y a jeux. L'important reste la mobilité (alternance des positions hautes et basses), c'est d'en sortir parfois, de changer de rôle, de changer de type de jeu.

De savoir de temps en temps regarder « du haut de la colline » et de pouvoir en rire. De démystifier le gain (chez soi, chez l'autre), d'évaluer le prix à payer (toujours trop cher en énergie, en bien-être, en plaisir…).

Quand on n'a plus rien à mettre en commun, il reste le partage sans cesse recommencé du passé et de toutes ses insatisfactions accumulées au cours des ans.

Les jeux d'autofrustration mutuelle sont innombrables. « Je te veux du bien et je t'en veux de le prendre. »

« Et ce n'était pas tout, elle avait d'autres armes que le malheureux connaissait bien, les représailles des lendemains de scènes : entre autres les migraines, les grèves de réclusion dans sa chambre, les paupières enflées portant témoignage des pleurs dans la solitude, les malaises divers, les tenaces mutismes, le manque agressif d'appétit, la fatigue, les oublis, les regards mornes, tout le terrible attirail d'une faible femme invincible. »

A. Cohen

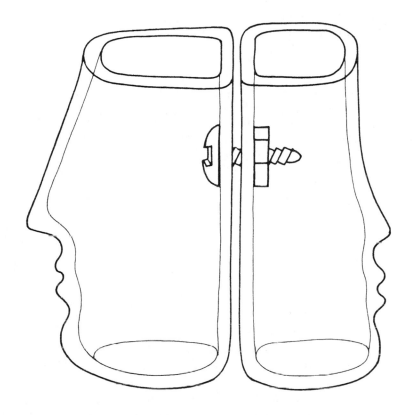

Être malheureux n'est pas un passe-temps, c'est un travail laborieux à plein temps pour certains.

2. Les jeux d'opposition

Dans les jeux d'opposition, les différences sont vues en termes de :
• Qui a raison ?
• Qui est le mieux ?
• Qui parle spontanément ?
• Qui se dévoue le plus ?
• Qui souffre le plus ?
• Qui donne, qui retient le plus ?
• Qui sait les choses ?

Ce sera une lutte de pouvoir sur un mode comparatif, basée souvent sur le manque d'estime de soi, d'où le besoin de se mesurer et parfois l'absurde question : qu'est-ce qui vaut le plus ? Un homme ou une femme ? Un plaisir ou une souffrance, une attente ou un sourire, un oubli ou un regard... ?

> Enjeu: le sentiment de ma valeur (plus je fais pitié, plus je montre ce que j'assume, plus j'ai de la valeur). Mon besoin d'exister en m'affirmant contre.
>
> Prix à payer : le prix de ma souffrance, de mon désarroi. Se priver des apports de l'autre, la solitude, le rejet, la plainte, la somatisation...

Comment cela se passe-t-il lorsque l'un des conjoints veut apprendre à l'autre à conduire une voiture, à skier, à faire la cuisine, à éduquer les enfants ou soigner les plantes ?

L'enjeu est-il réellement la matière ou la technique à apprendre ? Non, le plus souvent ce sera le rapport de force qui s'établit et se déplace.

Dans un jeu conflictuel, si la supériorité de l'un est évidente (un chauffeur professionnel apprend à conduire à sa femme), l'autre peut toujours se retourner avec l'accusation de mauvais pédagogue :

> « Tu n'as aucune patience avec moi. »
> « Je ne peux apprendre à conduire parce que tu t'énerves tellement à la moindre maladresse. »
> « Tu me critiques sans arrêt, tu ne vois que mes erreurs, comment puis-je réussir ? »

« Tu veux me dicter quel genre de père je dois être avec nos enfants. C'est le meilleur moyen de saboter ma relation avec eux et d'empêcher une communication directe entre eux et moi. »

« Ta non-confiance me déprime plus que tout ce que je ne suis pas. »

C'est une lutte sans relâche pour la reconnaissance (être reconnu, vu) donnée, refusée, accordée, monnayée...

ABSURDE ET COURANT

Dévaloriser l'autre c'est comme se valoriser.

Jeu de compétition : le jeu du « je suis mieux que toi — et tu ne le sais pas encore ».

Ce jeu se fait sur le mode de la comparaison :

« Moi je ne crie pas toujours après toi. »

« Je ne te reproche pas de sortir tous les mardis. »

« J'ai accepté tes amis sans rien dire. »

« Je n'ai jamais contrôlé tes dépenses, etc. »

Si je reconnais les qualités et les compétences de mon mari, je me sens dévalorisée :

« Il fait tout tellement mieux que moi, il n'a pas besoin de moi ! »
Si j'admire les dons et le succès de ma femme, je me sens un pauvre type :
« Elle pourrait trouver tellement mieux que moi ! »

Et je vais dépenser beaucoup d'efforts pour qu'elle trouve effectivement mieux que moi... ce dont je souffrirai aussi et ce qui me confirmera. « J'avais bien raison de ressentir tout cela. »

Jeu de plainte : « Mes malheurs sont supérieurs aux tiens. »
Le mari se plaint de fatigues et de tensions professionnelles. Elle répond que les enfants ont été pénibles.
Elle décrit son lumbago. Il la « comprend bien » car il a aussi des migraines.

Il est anxieux de ne pas parvenir à payer ses impôts et la voiture se fait vieille, etc.

« Je ne m'achète rien depuis des mois », lui répond-elle.

Par exemple encore, cette femme qui passe son temps à trouver que « chez les autres » c'est toujours mieux.

Qui reconnaîtra jamais combien elle est extraordinaire d'accepter de vivre ce qu'elle vit chez elle alors que c'est tellement mieux partout ailleurs!

« L'herbe est toujours plus verte chez les autres... jusqu'à ce qu'on découvre que c'est du gazon artificiel. »

W. Schulz

Ou cet homme qui passe son temps à parler avec mépris de ce que possèdent et font les autres. Il vante sans cesse ce que lui-même possède et fait.

Il est particulièrement sarcastique quand il parle des faits et gestes de sa femme. Il se moque également des hommes qui sont assez bêtes pour s'affubler d'une femme maladroite et peu séduisante. Il ne voit rien d'illogique à cela.

Critiquer sa voiture, c'est le toucher au vif.

Critiquer sa femme, c'est le valoriser.

L'inverse existe aussi avec les projections narcissiques gratifiantes.

J'ai le sentiment que les autres voient notre couple de façon formidable. Je suis fier de l'avoir pour femme/pour mari. Mais reconnaît-il (elle) la personne réelle qui vit avec lui/elle? Je ne te vois pas, je ne t'entends pas. Ce que je vois et que j'entends, c'est l'admiration des autres pour... nous. Pour une image de nous que nous continuons à leur offrir en risquant ainsi de passer l'un à côté de l'autre sans nous reconnaître vraiment.

Les jeux conflictuels se jouent volontiers en public. Ça corse l'humiliation, cela stimule et permet d'obtenir l'approbation, la complaisance d'un tiers (voir *Qui a peur de Virginia Woolf ?* »).

De quelle façon sont exprimés ou ne sont pas exprimés les critiques et les compliments et comment sont-ils reçus ?

« Tu ne relèves ou ne remarques que ce qui est négatif. »

« Tu dis toujours que le dîner est bon, donc je ne te crois pas. »

« Tu dis cela pour me faire plaisir, mais au fond je sais que tu n'es pas heureux. »

« Tu ne dis pas ce que tu penses. »

« Tu ne penses pas ce que tu dis. »

« Tu regardes les autres et je sais que tu les apprécies mieux que moi. »

Les jeux pervers (dans ce cas, la maladie conjugale est assez avancée): « Je te prendrai de force ce que tu me donnes de bon gré, je te donnerai tout ce que tu ne veux pas et je ne te pardonnerai jamais d'avoir accepté. Je te hais d'un amour qui ne me laisse pas de répit. »

Qui raconte cette histoire ?

Marie et Paul se promènent au zoo, passent devant la cage d'un gorille. La porte s'ouvre et le gorille saisit Marie, s'enferme avec elle dans la cage et commence à la déshabiller. Marie crie à Paul : « Que faut-il faire ? », et Paul lui répond : « Comme d'habitude, dis-lui que tu as la migraine ! »

La version du même fait racontée par Marie donne ceci : Au bout d'un moment Marie sort de la cage en se rhabillant et déclare : « C'est toujours la même chose, impuissance psychologique ! »

Il s'agit de la même histoire, de la même plainte...

Le jeu du *ball-trap* : mettre l'autre le plus haut possible... pour mieux le descendre.

Le jeu du parle-moi, même si je ne t'écoute pas...

Le jeu de l'offrande-demande : je vais donner beaucoup à l'autre, à la mesure de ma propre demande jamais formulée comme telle. Par exemple, je vais me coucher sur le ventre, car j'ai envie qu'elle me masse le dos ; elle vient s'étendre près de moi en soupirant de bien-être, c'est moi qui lui masserai alors le dos.

Je donne en abondance ce que j'ai surtout envie de recevoir.

Elle va me remercier. Et le paradoxe est que je reçois des remerciements pour quelque chose que je voulais recevoir et que je n'ai pas reçu…

> *«Une demande comblée c'est un appel qui n'arrive pas à destination.»*
>
> R. Char

Le jeu de la demande piégée : je te demande, afin de pouvoir ensuite te reprocher de m'avoir donné.

« Je t'attaque et tu me fais des cadeaux ;
je demande ton approbation et tu me remets en cause ;
je prends un ton dramatique et tu rigoles ;
je fais tout pour que tu me rejettes, tu m'accueilles ;
je cherche les reproches, tu me comprends ;
je me dévoue pour toi, tu m'en veux ;
je te demande de me surprendre… tu deviens prévisible. »
L'ennui c'est quand je sais à l'avance les réactions de l'autre.

Le jeu de la fausse idéalisation : c'est le refus des failles chez l'autre, au point de passer tout son temps à les chercher.

> *« Pour certains, le seul accord possible : être en désaccord ensemble, au même moment. »*

Le jeu de la ficelle : quand la solidité de la relation va être vérifiée sans arrêt en tirant dessus. Agressions, fuites, mises à l'épreuve, mises en doute, provocations pour se rassurer : « Oui il m'aime toujours malgré tout ce que je lui fais subir. » À quoi l'autre répond : « Oui je l'aime toujours malgré tout ce qu'elle me fait… Elle me donne la preuve que je suis plus solide qu'elle. »

Transformer l'autre en demandeur: dans cette dynamique-là, l'un des partenaires ne sera jamais demandeur — il invite toujours l'autre à l'être.

« Que veux-tu faire ce soir ?
Que veux-tu manger ?
Comment souhaiterais-tu que je m'habille ce soir ?
Où voudrais-tu partir en vacances à Pâques ? », etc.

Par cette attitude répétitive et constante (quelles que soient les circonstances), il tend ainsi à garder le contrôle de la relation en restant maître du souhait de l'autre, c'est-à-dire en le satisfaisant ou en ne le satisfaisant pas.

> *Un équilibre, sans trop de souffrance, c'est quand l'un découvre qu'il lui est indifférent d'être mis en position basse.*

Au-delà des jeux, il y a, je crois, la permanence de l'enjeu de toute relation, c'est-à-dire la tentative d'appropriation de la position haute.

La position dominante, dite aussi position haute — être au-dessus d'une personne —, est définie techniquement comme l'état psychologique de ne pas être au-dessous. D'être celui qui influence et non celui qui est influencé.

La position dominante n'est jamais acquise, elle doit être définie et redéfinie sans arrêt.

Les manœuvres pour arriver à cela peuvent être évidentes ou subtiles.

Par exemple, celui qui va placer l'autre sans cesse en position de demandeur : « Qu'est-ce que tu veux manger à midi ? Où veux-tu aller ce soir ? As-tu envie de faire l'amour ? »

Ainsi il reste « maître » du désir de l'autre, en répondant affirmativement ou en refusant.

Mais la position inverse, celle de ne jamais définir la position de sa demande: « on verra », « on a le temps », « je ne sais pas encore », « pourquoi pas »... est aussi une position dominante puissante.

Les jeux du « quiproquo » découlent de cette dynamique relationnelle.

Quand deux personnes se mettent ensemble, elles échangent des signes « subtils » mais tenaces sur comment elles définissent la nature de leur relation. La tactique comportementale de l'une est modifiée par la manière dont l'autre répond. Ainsi, elles se positionnent l'une par rapport à l'autre.

Le jeu du « quiproquo »[1] va viser pour l'un des partenaires à entretenir un contrôle sur l'autre en adoptant la position basse.

> Elle : Je voudrais que tu prennes un peu plus soin de toi (de tes cheveux, de tes dents, de ta peau) même si ça coûte cher ; va chez le coiffeur, le dentiste, etc.
> Lui : Je ne crois pas que nous devrions dépenser trop d'argent pour ça (pour moi).
> Elle : Mais moi, j'aime bien en dépenser pour toi.
> Lui : Je sais, ma chérie, mais il y a toutes ces factures, ces emprunts à régler…

La conduite liée à la position apparemment basse de l'homme est en fait « contrôlante ».

Elle est autorisée à se plaindre à lui et à l'attaquer au besoin. Mais il indique clairement qu'il ne la suivra pas dans ses ordres ou ses conseils (qu'ils sont insensés en regard de choses plus sérieuses). Et puisqu'il ne fixe aucune condition de temps, nous ne savons pas s'il ira jamais chez le coiffeur, chez le dentiste. C'est une des clefs du quiproquo : au lieu d'exécuter un acte, ce couple s'installe dans un échange répétitif destiné à définir, redéfinir chaque fois la nature de leur relation. « Je te contrôle, je te soumets à un refus. »

> Dans un autre exemple :
> Lui : Je ne trouve pas les chemises blanches !
> Elle : Je regrette chéri, elles ne sont pas encore repassées.
> Lui : Envoie-les au pressing, ça m'est égal ce que ça coûte.

---

1. C'est D. Jackson de Palo Alto qui a étudié les « quiproquos » conjugaux.

Elle : Nous dépensons déjà beaucoup pour l'entretien, nous devons économiser ici et là.

Lui : Écoute, j'ai quand même besoin de ces chemises.

Elle : Oui, mon chéri, on verra.

La femme ne spécifiera pas quand, ni si elle dit oui ou non ; lui n'insiste pas pour avoir une information claire et définie. Ça ne sert à rien de rechercher la motivation de l'un ou de l'autre, de dire qu'il aime rouspéter, se plaindre ou qu'elle aime le frustrer.

Ce qui est essentiel c'est le système interactionnel, soigneusement entretenu. C'est le « marché » passé implicitement (ou imposé-accepté) qui règle les échanges. Certains de ces « arrangements » conviennent dans les premiers temps d'une relation mais peuvent insatisfaire dans un second temps et surtout ne pas convenir aux enfants, qui vont résister et parfois dénoncer le « système » (ou s'en trouver exclus et leur santé émotionnelle en pâtira).

Pour comprendre le « dysfonctionnement » relationnel dans un couple, il est important d'analyser la relation présente et de chercher à identifier les jeux, les quiproquos spécifiques plutôt que d'en rechercher le « pourquoi » dans le passé individuel de chacun.

> *Ça fait mal d'envisager de ne plus avoir mal, ça fait très mal d'abandonner sa souffrance.*

Tous ces jeux vont se réactiver au maximum dans les situations de séparation, quand l'un des partenaires envisage de mettre fin à une relation qui lui paraît trop médiocre ou qui le coince trop.

Il y a alors comme une accélération des « échanges fous », une violence terrible va circuler quasi quotidiennement entre eux.

Elle dira : « Je ressens qu'il me fait des propositions invivables pour rendre la séparation impossible : au niveau des enfants qu'il veut garder mais ne pourra assumer, de l'argent, des objets, de la maison, de mon travail... Je me sens coincée, j'ai trop mal, j'ai trop envie de renoncer à le quitter. »

> *Ils savent parfaitement l'un et l'autre ce qu'il ne leur faut pas : l'autre.*
> *Et c'est cette certitude qui les maintient unis.*

3. Autres séquences de jeux

Premier exemple. La relation est vécue sur la base suivante :

A) Il travaille beaucoup ;
B) et a le sentiment de négliger sa famille.

Il souhaiterait être « gratifié » en A et soulagé de sa culpabilité en B par une reconnaissance explicite, claire, manifeste de sa partenaire.

Différentes formes peuvent le « payer » de sa fatigue…

- Admiration : « C'est formidable comme tu tiens le coup. »
- Soutien : « Tu travailles trop, je ne veux pas que tu tombes malade. »
- Compensation : « Je t'ai préparé un bon plat, j'ai pensé que cela te ferait plaisir. »

MAIS elle se sent coupable du travail « excessif » du mari, et cela d'autant plus si elle ne « travaille pas à l'extérieur ». Reconnaître le travail du mari, c'est prendre le risque d'augmenter sa culpabilité à elle.
Plusieurs alternatives s'offrent à elle pour se soulager…

- Agression sur le travail : « Tu le préfères à moi. »
- Dévalorisation de sa propre personne : « Tu ne m'aimes pas assez. »
- Amplification et valorisation de son « travail » ménager, des difficultés avec les enfants, de l'ennui du quartier.

Dans tous les cas, il y a refus inconscient de répondre aux « attentes » de l'autre. Un processus de frustration va se développer, s'amplifier, et cela malgré de multiples signes « d'amour », des témoignages.

- Il se lèvera aux aurores pour éviter de partir la veille.
- Il se dépensera sans compter quand il est à la maison (répare-ra, fera le ménage, s'occupera des enfants) mais gardera le sentiment d'échouer.

Il y a toujours un vainqueur éphémère dans ce jeu de surenchère.

> *Fuir en me précipitant dans l'évidence des chemins tracés et redécouvrir (chaque fois) la colère et l'amertume que ce nouveau piège déclenchait dans mon corps.*

Deuxième exemple. Je me prive pour n'avoir pas à souffrir d'un refus à ma demande.

Il a envie de faire l'amour avec elle, mais ce qu'il redoute c'est un refus (un refus qui le renvoie à un sentiment de rejet, de non-existence, donc intolérable).

Quelques minutes avant de se coucher, il va « déclencher » un conflit (la brosse à dents n'est pas à sa place, il n'y a plus de cirage). C'est ainsi qu'il se couchera, en boudant, tournant le dos.

Il a trouvé le moyen de ne pas demander à faire l'amour et, surtout, il fait l'économie d'une souffrance possible qui est profondément inscrite en lui : se voir refusé.

Le paradoxe sera que, même si elle fait des avances ce soir-là, il refusera, « enfermé » dans sa bouderie.

Il se prive ainsi de ce qu'il souhaite, mais « gagne » une non-souffrance à un refus toujours possible.

Troisième exemple. Il lui dira :
« Que faisons-nous demain ? » Elle répondra :
« Nous verrons suivant le temps, l'envie. »
Il entend : « Elle ne veut pas sortir avec moi, m'accompagner, alors qu'elle sait combien cela me ferait plaisir. »

Et bien sûr, c'est cela qu'il demandait, sans oser formuler son attente (« J'aimerais que tu viennes avec moi »). La blessure des refus précédents lui interdit toute demande claire, car le risque d'un nouveau refus est trop présent... Il biaise sa demande (pour ne pas souffrir) et ne se fait pas entendre.

Il se fermera ce soir-là et la journée du lendemain est déjà « condamnée » avant même d'avoir commencé.

Quatrième exemple. Regarde comme je suis bon en acceptant tout pour toi, de toi.

L'acceptation de la position basse (accepter/subir) comme un devoir : « Quand toi tu as envie, je le fais, j'accepte ce que toi tu veux, mais je le fais d'une certaine façon qui te fera sentir que c'est toi qui demande (que c'est toujours moi qui accepte). Ainsi je fais celui qui est « obligé » même si cela me fait plaisir. Je transforme ma relation en « devoir » pour pouvoir te le reprocher (et me valoriser à travers cela : « Regarde tout ce que je fais pour toi »).

Cinquième exemple. La disqualification de l'autre dans un domaine essentiel.

J'apprécie beaucoup mon partenaire, sauf qu'il ne fait pas ceci ou cela (faire l'amour, s'occuper des enfants, être responsable).

La forclusion du père : un piège fait de beaucoup de complicité.

« Mes enfants ont très tôt considéré leur père comme incompétent en tant que père, bien que compétent partout ailleurs. Nous étions tous complices, les enfants, lui et moi pour le disqualifier dans son rôle de père. »

Et celui-là tapera son désespoir, sa révolte, son impuissance sur un des enfants, lequel tapera le sien sur sa sœur, et celle-là sur...

> *Ainsi se joue ce transfert passionné et ambivalent.*
> *Je te détruis pour te posséder.*
> *Je me détruis pour que tu me gardes.*

Dans ses *Carnets 1978*[1], Albert Cohen, l'inoubliable auteur de *Belle du Seigneur*, a soudain envie de décrire une scène conjugale. Il s'agit bien d'une scène qui obéit à un scénario connu des protagonistes, lequel est rodé, enrichi d'épisodes nouveaux. Cette scène illustre quelques-uns des jeux décrits plus haut.

---

1. Albert Cohen, *Carnets 1978*, Gallimard.

« De rage, elle se précipita à la cuisine, s'y enferma à double tour, s'y promena de long en large à grand bruit, heureuse d'inquiéter son mari. Il frappa à la porte, lui demanda d'ouvrir. Elle sourit, ne répondit pas. Il frappa plusieurs fois encore, sans résultat. Soudain, de peur, un coup de sang le frappa à la gorge. Elle avait peut-être ouvert le gaz de la cuisinière pour se suicider et le punir, et il trembla, car il l'aimait. « Ouvre, cria-t-il, ouvre, sinon je défonce la porte ! » Elle répondit qu'elle n'ouvrirait pas, qu'elle voulait mourir, et il devina, à la gravité empêtrée de sa voix, qu'elle était en train de manger. Il se pencha, regarda par le trou de la serrure. Armée d'un long sandwich, elle mastiquait avec une sombre et égoïste animation. Lorsqu'elle eut fini, elle se recoiffa, se poudra et ouvrit la porte. « C'est pour ne pas te laisser seul que j'ai renoncé à me tuer », dit-elle, les lèvres un peu luisantes de gras de jambon. Et la scène recommença.

À minuit, ils s'arrêtèrent de crier, de s'accuser l'un l'autre et de se détester théâtralement, car ils étaient fatigués et soudain dépourvus de verve haineuse. Il régna alors un silence boudeur, chacun espérant une miraculeuse reddition de l'autre, une spontanée tendresse de l'autre, et tout serait bien alors, tout serait pardonné. La défaite de l'autre ne survenant pas, ils échangèrent quelques mots protocolaires, se vouvoyèrent noblement, avec indifférence et un faux naturel. Mais les deux pauvres solitaires, acteurs hors de scène, évitèrent de se regarder pendant cet entracte, car ils savaient que, si leurs yeux se rencontraient, il y aurait l'étrange fou rire involontaire, cette malédiction des fins de scènes, savaient qu'ils ne pourraient pas s'empêcher de rire, d'un affreux rire douloureux, un rire infernal aux tristes saccades, savaient que le danger du fou rire ne disparaîtrait qu'avec la capitulation de celui qui oserait le premier baiser de réconciliation.

Mais bientôt la scène recommença. Échanger des récriminations était une manière de passe-temps, une lutte contre l'ennui et l'effrayante solitude de conjugalité. Ô toujours les mêmes reproches, ô lamentable passe-temps dans le désert de la conjugalité. Ô cette faiblesse de l'époux qui le faisait récriminer sans cesse, et ce désespoir en lui de savoir que plus il revendiquait et réclamait l'amour disparu, et moins il était

163

important à sa femme, moins il lui était vivant, moins il lui était réel et prestigieux. Mais il ne pouvait s'empêcher de dire et redire sa douleur de n'être plus l'aimé d'autrefois, douleur toujours moins efficace et moins perçue par elle. Ô cette saturation en elle, cette solitude en lui, et il parlait, parlait, se justifiait, lui prouvait, voulait lui prouver qu'elle agissait mal, qu'elle manquait de tendresse. Tout en continuant de démontrer et revendiquer, il savait que ses pauvres paroles étaient comme une teinture qui ne prenait plus sur l'étoffe, une teinture qui ne mordait plus. Il parlait, parlait, voulait la convaincre d'être douce, d'être aimante, parlait, parlait, et l'amoureuse du temps passé restait figée, sourde et implacable en son bon droit d'épouse malheureuse, et il parlait, parlait, et savait qu'il se dévaluait à quémander une tendresse refusée.

Indigné par le mutisme de celle, qui, au temps des fiançailles, l'appelait son prince, épouvanté de ne plus compter pour elle et de n'être plus l'aimé d'autrefois, il la saisit soudain par les cheveux blonds dont elle était fière, la secoua afin de la sortir de son mutisme. Alors, redevenue vivante, elle cria que c'était une honte, une indignité d'avoir attenté à ses cheveux, à ce qu'il y avait de plus radieux en elle. « Rustre, manant ! » ajouta-t-elle seigneurialement, et il mordit sa lèvre pour s'empêcher de rire cependant qu'elle courait s'enfermer de nouveau dans la cuisine. Resté seul, il l'admira. Ce qu'il y avait de plus radieux en elle, murmura-t-il, attendri, et il admira l'enfermée, lui sourit. Mais comment la faire sortir de sa cuisine ? Lui parler à travers la porte, lui demander pardon ? Non, il se dévaluerait définitivement. D'ailleurs la supplier de sortir ne servirait de rien, et elle resterait enfermée pour le faire souffrir. En somme, le salut serait une visite inopinée d'amis. Alors tout serait bien, tout serait oublié, et elle serait de nouveau charmante et gaie.

La porte de la cuisine fut ouverte avec violence, pour sauver la face. Muette et décidée, elle s'assit devant la table, s'empara de la petite boîte et, les sourcils froncés, en sortit les allumettes, une à une, lentement. Lorsqu'elles furent toutes sorties, elle les remit dans la boîte, une à une, studieusement. Il sut que ce minutieux transvasement, aller et retour, allait durer longtemps à son intention. Pour lui montrer qu'elle souffrait, pour lui montrer qu'elle devenait imbécile de malheur. Pour le punir, surtout, pour lui imposer la torture des allumettes indéfiniment sorties et rentrées. Eh bien, aussi longtemps qu'elle ne parlerait pas, il ne parlerait pas non plus. Oui, se faire respecter.

Mais presque aussitôt il se remit à se plaindre, à lui reprocher de ne plus l'aimer comme autrefois, parla, parla, et il savait que ses récriminations ne serviraient à rien, qu'elles la dégoûtaient et l'éloignaient davantage. Mais il continuait ses exhibitions de chagrin, savait que plus il se plaignait, plus elle le méprisait d'avoir besoin d'elle. Elle m'en veut d'être lentement tué par elle, pensa-t-il. Pourquoi, mais pourquoi ne lui disait-elle pas un mot, un simple mot de tendresse qui mettrait fin à l'horreur ?

Lasse d'attendre de son mari le mot de tendresse et le baiser de réconciliation qu'elle espérait, elle haussa les épaules, abandonna les allumettes, se leva et retourna dans la chambre à coucher. Alors le délaissé resta épouvanté dans le salon désert. Il sortit les allumettes, une à une, puis les remit dans la boîte, une à une, puis recommença.

« *Le malentendu est propre à l'amour, parce que l'amour est un sentiment trop véhément et qu'on ne peut s'exprimer à fond. Les mots lui font violence. Les réticences sont nécessaires, il faut se comprendre à demi-mot. Et parfois même, on pousse la pudeur jusqu'à ne rien dire du tout, alors, évidemment, il n'y a pas de raison que le malentendu soit jamais dissipé.* »

V. Jankelevitch

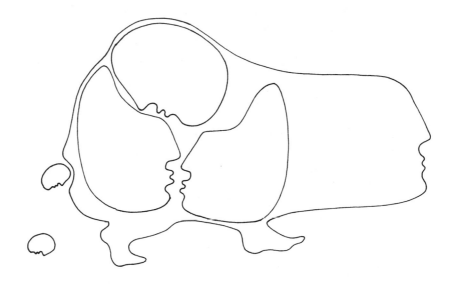

«Je lui parlais trop de ses manques... et pas assez
de mes envies.»

> *Personne n'est plus exigeant que celui qui ne demande rien... et le dit.*

4. La comptabilité affective (les « livres de comptes familiaux »)[1]

Dans ses aspects les plus visibles, cela s'appelle la confiance, c'est-à-dire la croyance que l'autre fera pour vous ce que vous avez fait pour lui, et comme on ne sait pas quand, la confiance est liée au temps. La promesse non dite et jamais tenue peut apparaître, le temps passant, plus évidemment destinée à ne pas être tenue.

Par exemple : Elle croit qu'il passera plus de temps avec la famille dès que son travail sera mieux organisé.

Au fur et à mesure que les enfants grandissent elle va y « croire » de moins en moins et l'exiger de plus en plus.

Le quiproquo (quelque chose pour quelque chose) qui naît de cette situation n'est pas ouvert, ou conscient, ni même le résultat d'une négociation ; il va s'imposer malgré eux aux protagonistes.

Je vois souvent des couples agir et parler comme s'ils possédaient un livre de comptes caché ; les dits et les crédits de chacun y sont inscrits, rien ne s'oublie, rien n'est gratuit.

Cette comptabilité affective paraît basée sur le principe que (malgré les apparences) les partenaires doivent trouver dans leur association des avantages équivalents.

« Il faut que ce soit juste entre nous. »

Mais comment mesurer ces avantages ou bénéfices ? Ils se situent à de multiples niveaux, allant des questions matérielles et financières aux besoins les plus inconscients. L'évaluation en est très subtile, et surtout tout à fait subjective (donc partielle, partiale, inégale[2]).

---

1. Ce chapitre s'inspire essentiellement des concepts développés par Ivan Bos-zormeny-Nagy dans *Invisible Loyalties*, 1973.
2. Ma grand-mère disait : « Nous sommes tous égaux mais il y en a qui sont plus égaux que d'autres. »

Schématiquement, il semble que tout privilège, bénéfice visible ou transgression se paie en sentiment de culpabilité et en obligations envers l'autre ; et parallèlement, que la souffrance, les sacrifices et les concessions sont récompensés par le sentiment de mérite et par des droits sur l'autre.

« Cela m'est dû, ton temps, ton amour, ton accueil. » Tu as une dette envers moi, même si tu ne le sais pas, puisque tu m'as séduite (avant toi j'étais si tranquille), j'ai arrêté mes études, mon travail, j'ai avorté, j'ai laissé ma région, mes amis, ma mère pour toi... **Tu me dois tous les renoncements que j'ai faits.**

Une femme se plaint beaucoup de la passivité de son mari. Elle doit assumer seule toutes les décisions pour les enfants et prendre en charge toute la gestion et l'organisation familiale. Lui travaille dans un bureau, apporte son salaire, lit des romans policiers, regarde la T.V. pour se détendre, sort avec des amis et ne se préoccupe de rien au niveau de la maison. Elle se sent lésée et justifiée dans sa revendication.

À la suite de changements professionnels et personnels, le mari prend de l'assurance, affirme ses positions, prend des décisions dans sa famille.

Elle devrait être satisfaite de voir les désirs qu'elle exprimait enfin réalisés ! Or elle supporte très mal ce changement et se déprime. Elle se trouve dépossédée de son sentiment de mérite et de valeur. Ses « bénéfices » étaient de se voir et de se montrer comme une femme admirable, et une femme à plaindre. Le plaisir qu'elle tirait de cette évidence dépassait le poids des tâches qu'elle assumait (y compris le plaisir à se plaindre de la situation, qui est une gratification importante).

Je vois là aussi un exemple de la résistance au changement qui se manifeste lorsque l'un des partenaires « rompt » l'équilibre des tensions et des plaintes nécessaires au fonctionnement de l'autre.

Tout se passe comme si la souffrance donnait des droits et que le plaisir créait des dettes.

« J'ai toléré et compris cette liaison que tu as eue. Je ne voulais pas être un obstacle, t'empêcher de vivre. Je t'ai même proposé de passer une semaine de vacances avec lui. Alors maintenant j'attends de toi... alors tu me dois bien... alors j'ai bien le droit... puisque j'ai souffert par toi. »

Plus je souffre, plus j'ai de la valeur. La souffrance permet ainsi d'accumuler des mérites. « Plus on me devra de choses... » : c'est ce qui permet d'expliquer les situations incroyables de privations, d'aliénation et de coercitions sous toutes les formes, dans certains couples.

Malgré les apparences, malgré ce qui de l'extérieur semble injuste, je crois que si un couple dure c'est que chacun y trouve des bénéfices équivalents bien que situés sur des registres différents et avec des prix à payer inégaux.

> *« Il n'y a aucune raison pour que nous restions ensemble... mais il y en a tellement de ne pas nous quitter... »*

« Et s'il me plaît d'être battu(e)[1] ! »
Cela ne peut être dit que par un homme, une femme, qui a pris conscience de son besoin de jouir de son masochisme ou de son conflit.

Les privilèges, par contre, sont payables en obligations : cadeaux, sacrifices divers et surtout culpabilité.

J'ai parfois l'impression que le plaisir pris en dehors de l'autre doit se rembourser au partenaire sous des formes variées :

« Tu as joué au bridge tout l'après-midi (ou tu as été au cinéma) avec tes amies pendant que je travaillais. Je pensais que tu aurais à cœur en rentrant de me préparer un bon petit repas et je ne trouve que des sandwiches !
— Justement je n'ai pas eu le temps de cuisiner parce que je jouais au bridge.
— Tu as la vie belle ! Je te fais la vie belle à mes dépens ! »

Ces mots « Tu as la vie belle » ne sonnent-ils pas toujours comme un reproche, un compte peu équitable ?

---

1. Les hommes battus sont peu connus mais le phénomène est moins rare qu'il ne paraît.

On peut s'interroger sur ce paradoxe : le plaisir de celui qu'on aime, si on n'en est pas la cause, est une offense et demande réparation et compensation. Et même si on en est la cause parfois...

« Je voudrais pouvoir te reprendre ce que je te donne, ce que tu as grâce à moi. »

J'exerce ainsi un pouvoir qui demande sans cesse des réassurances et des preuves de son existence (et de sa fragilité).

Jean gagne maintenant assez d'argent pour permettre à Marie une vie aisée. Mais il en fait sans cesse état : « Tu n'as plus besoin de travailler, tu rencontres grâce à moi des gens intéressants. J'ai beaucoup de soucis professionnels. »
Marie a le sentiment qu'il lui reproche ce que leur nouveau mode de vie lui donne, qu'il voudrait qu'elle se sente redevable, presque coupable.
Ne supporte-t-il pas de ne plus être considéré comme un homme défavorisé par le sort, l'éducation, le milieu social, la société ? Elle doit lui donner le sentiment de mérite que son ascension sociale lui a fait perdre.

Le mérite est-il donc inversement proportionnel au pouvoir ?

On peut payer ses dettes... sans les régler pour autant.

Dans cette comptabilité affective, rarement dévoilée ouvertement mais toujours présente, il y a **le contentieux du passé.**

Ces dettes irremboursables que nous avons envers eux : les parents (envers elle, la mère surtout, les factures brandies du don de son sang, de ses peurs, de son temps de jeunesse, de ses nuits sans plaisir, de ses talents perdus, de vies subies, de désirs oubliés...).
Les comptes affectifs d'un couple ne démarrent pas à zéro au moment de la rencontre. Ils sont toujours chargés du passé de chacun.
Ils vont s'additionner en progression géométrique au rythme des déceptions.

> *On fera toujours payer trop cher la peine qu'on ne veut pas faire à celui qu'on aime.*

Les revendications et les attentes à l'égard du conjoint sont souvent le reflet de frustrations venant de l'enfance, que l'autre doit réparer.

On demande à son conjoint, à son partenaire, ce que l'on n'a pas reçu de ses parents :

« Mon mari a eu une enfance malheureuse, sa mère l'a négligé, son père était très dur. Il est bien normal qu'il attende de moi tant d'attention et de compassion, qu'il soit peu disponible quand j'ai besoin de tendresse. Et moi, j'ai presque honte devant lui d'avoir eu une enfance si choyée. »

La dette existentielle, contractée vis-à-vis de ses propres parents, est remboursable principalement à ses enfants, mais une partie de la rancune ou de la reconnaissance se déplace sur le conjoint. Les liens verticaux, de parent à enfant, d'enfant à parent, restent les plus puissants et la relation horizontale de couple vient s'inscrire comme une soupape dans cet enchaînement invisible.

« Ma mère a sacrifié sa vie pour ses enfants. Elle travaillait pour nous faire vivre, ne s'occupait jamais d'elle-même. Maintenant, je ne voudrais pas que ma femme travaille, je l'aide, j'ai peu de besoins, je suis là pour la rassurer et l'écouter. Mon plaisir est qu'elle soit toujours disponible pour les enfants. »

Cet homme rembourse ainsi à sa femme tout ce qu'il a le sentiment de devoir à sa mère. Il s'acquitte d'une dette qui lui pèse (et qui risque de peser encore plus sur sa femme).

> *Si je t'aime moins, je supporte moins l'injustice ; l'inverse n'est pas toujours vrai.*

« Tu me donnes trop si bien que tu ne peux recevoir ce que j'ai à t'offrir. »

171

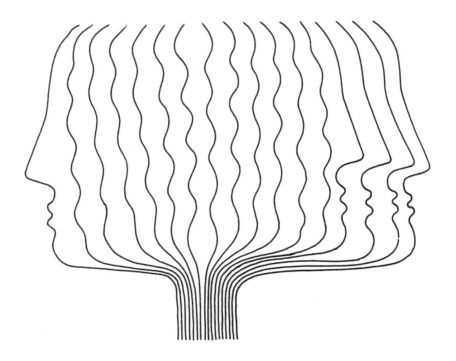

Aller plus loin avec quelqu'un, c'est souvent aller plus près.

V. Communication et dynamique relationnelle

« *On ne se rencontre qu'en se heurtant et chacun portant dans ses mains ses entrailles déchirées accuse l'autre qui ramasse les siennes.* »

G. Flaubert

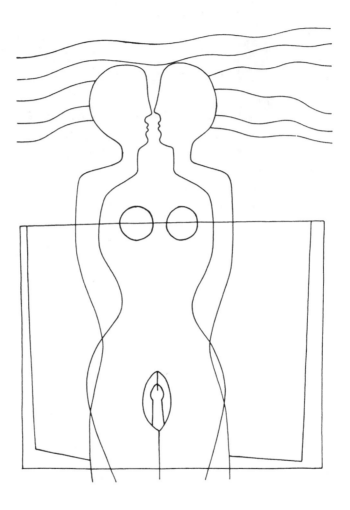

De quoi est fait mon lien à toi ? De ton manque et du mien. Notre attraction mutuelle, notre aimant le plus puissant sera dans ce que tu n'as pas et que je crois avoir — dans ce que tu crois avoir et que je n'ai pas.

> *« Il fallait parler et nous nous sommes tus. Nous nous som-*
> *mes tués avec le silence de nos réticences, de nos peurs, de nos*
> *ressentiments. »*

1. Communication et dynamique relationnelle

Au-delà des phénomènes de communication, du donner et du recevoir, il sera intéressant de s'interroger sur la dynamique relationnelle dominante de chacun des membres du couple.

Nous entendons par là l'ensemble des « scénarios », des « injonctions anciennes » et des « conduites inconscientes » qui vont se répéter, se reconstruire, se développer quels que soient le mode de communication ou les stimulations introduites dans la relation. La découverte, la mise au jour (prise de conscience) de la dynamique relationnelle dominante est un véritable travail d'archéologie qui demande souvent des années. La révélation en est toujours souffrante — « le difficile dans la recherche de la vérité... est que parfois on la trouve ! »

> *C'est une démarche difficile, harassante, hasardeuse, car elle*
> *porte sur la recherche d'un enjeu inconscient dont nous char-*
> *geons l'autre.*

• La preuve du contraire :

Elle va vouloir faire la preuve qu'elle ne peut être aimée, qu'elle sera abandonnée, rejetée.
Lui va faire la preuve contraire qu'il l'aimera toujours, ne l'abandonnera jamais quoi qu'il arrive.
C'est un combat à mort entre les deux.
Elle dira en effet: « Le dévouement total de cet homme déclenchait une violence terrible en moi. Il était comme une mère trop bonne, trop parfaite, je devais être en retour une bonne fille, une bonne épouse. C'était trop insupportable, il fallait casser cela. »
« Si quelqu'un m'aime, je le mets à l'épreuve (après je suis rassurée) ; j'ai la confirmation qu'on tient à moi, je sais jusqu'où je peux aller même si je parais méchante, inconstante. »
« Il m'est difficile de donner, si tu prends et réclames sans arrêt. »

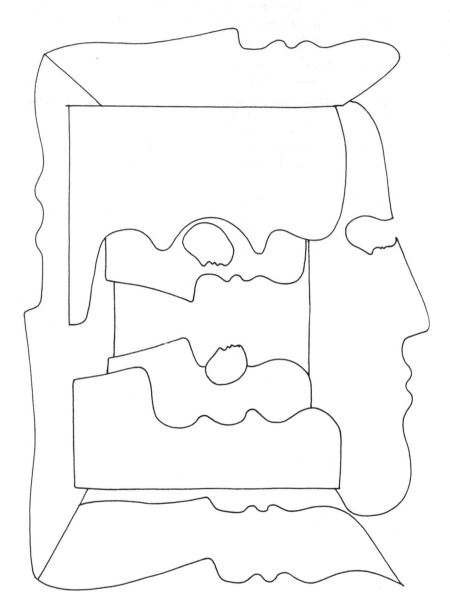

Ne pas laisser l'autre prendre le pouvoir de vous détruire.

• Les pseudo-croyances mutuelles :

« Moi je pense qu'il me quittera, si je lui dis que j'ai un désir pour un autre.
Lui il croit que jamais je n'aurai de désir pour un autre. »
« Je te prends ce que je veux, et je te réclame de ne pas me donner. »
Je te prends ce mouchoir, puis je te le réclame, et ma violence à le réclamer fait que je le déchire. Je déchire ainsi ce que je demande à l'autre de me donner. C'est simple pour moi de prendre.

• La disqualification :

« Je lui en voulais tellement de tout ce qu'il n'était pas, que je ne pouvais apprécier ce qu'il était — je ne le voyais même pas. »

Qu'est-ce que je donne à l'autre, si je n'apporte que mes attentes de lui ?

> *De quoi est fait notre lien ? De l'attachement qui me lie — me retient ou me sépare de toi.*

« J'ai découragé l'amour de Jean en n'y croyant pas. Il a tenu le coup très longtemps à vouloir m'aimer jusqu'à ce que je m'aime, jusqu'à ce que je puisse enfin m'aimer... Et même aujourd'hui où nous sommes séparés, il ne m'a jamais reniée, ne le fera jamais.
Le soir de notre mariage, après avoir quitté les amis, les premiers mots qu'il m'a dits dans la deux-chevaux qui traînait des vieilles boîtes de conserves :

" Alors maintenant, tu le crois que je t'aime ?
— Non.
— Alors c'est pour ta fortune que je t'ai épousée ?"
Je n'ai rien répondu, mais je pensais oui (moi qui ne possédais rien). Je m'en suis tenue pendant des années à cette conviction nécessaire pour moi.

Je lui ai donné mon efficacité, mon aide pour ses travaux, mon argent et mon temps aux enfants pour qu'il soit plus libre. Je lui ai donné ma vie, sans restriction, mais pas moi, qui n'avais pas de valeur.

Ah ! être simplement pour l'autre, au lieu de toujours s'obliger à faire pour lui, pour " réparer " ma non-valeur. Je me sentais trop pauvre, trop démunie pour donner autre chose que des cadeaux actifs à la place de l'amour.

Je réalise en écrivant ces phrases que je lui ai caché tout cela qu'il aurait peut-être accepté… C'était beau de faire des tas de choses ensemble, d'agir côte à côte, mais mes efforts ont abouti, il m'a quittée.

J'avais fait la preuve qu'il ne pouvait m'aimer jusqu'au bout et j'ai perdu l'équilibre (" Je ne peux être aimée ") quand mon balancier (" Je ferai la preuve que tu es aimée ") s'est éloigné, brisé, découragé, amoindri. »

Ce très beau récit montre clairement sur quelle dynamique relationnelle s'est construite la relation dans ce couple.

« Je ne m'aime pas, donc personne ne peut m'aimer quoi qu'il en dise et fasse, car moi seule sais que c'est impossible. »

Auquel l'autre a répondu : « Je t'aime et je vais en faire la preuve irréfutable, d'abord en t'épousant, puis en t'offrant toutes mes créations, tous mes projets, tous mes désirs. Tout cela pour toi seule. »

La dynamique est bien en place, « plus tu en fais, plus je m'éloigne », « plus tu en fais, plus tu fais la preuve que je ne vaux rien, car autrement tu ne me donnerais pas autant ».

Pour telle autre personne, la « loi » secrète sera cette croyance indélébile:

« La tendresse n'est jamais gratuite, il faut toujours la payer (en culpabilité, en privations ou en obligations, par exemple sur le plan sexuel…), ce que je ne veux pas. »

Elle va donc se priver tout en envoyant des signaux qui vont provoquer immanquablement des réponses culpabilisantes, ou sexuelles…

La dynamique relationnelle s'exprime le plus souvent à travers des symptômes (comportements répétitifs irrationnels). Il y aura, par exemple, des systèmes de relations intimes où les symptômes de l'un des partenaires seront nécessaires au maintien et parfois même à la survie de la relation, même si cela la rend difficile et pénible.

> Il y aura le mari qui traite son angoisse d'être un homme en s'occupant très activement et de façon compétente des enfants et des soins ménagers « parce que sa femme est toujours malade » dira-t-il.
>
> Il ne souhaitera pas qu'elle guérisse (et fera beaucoup pour cela en maintenant coûte que coûte l'équilibre par cette situation).
>
> Elle prétend qu'à cause de la peur de conduire de son partenaire, c'est elle qui doit le mener où il doit aller. C'est l'occasion pour elle de ne pas affronter sa propre phobie : « Je dépasse ou contrôle ma propre peur en entretenant la sienne. »

Le système relationnel d'un couple peut avoir besoin d'un « mouton noir » dont les symptômes auront une valeur rituelle, parfois sacrificielle.

Ce sera un enfant, par exemple, ou un parent proche qui sera le point focal d'un conflit conjugal.

> Le père : Tu as toujours trop gâté cet enfant, comment veux-tu qu'il t'obéisse?
>
> La mère : Je n'aurais pas eu à le faire, si tu l'avais assez aimé quand il était petit, si tu t'occupais plus souvent de lui.

Si les disputes se poursuivent et que les parents menacent de se séparer, l'enfant rate à l'école, devient énurétique ou manifeste n'importe quel symptôme-alarme (pour maintenir le système dans lequel il est pourtant l'enjeu des conflits, mais au travers duquel il obtient de l'attention).

Dans une autre dynamique, le mari s'interdit, malgré de nombreuses occasions que lui procure son métier, des relations poussées avec d'autres femmes que la sienne. Pourtant cette dernière est peu démonstrative. Il dit souvent: « J'en ai refusé pourtant des occasions, vous pensez, avec toutes ces femmes libres qu'il y a autour de moi, mais je n'ai jamais trompé ma femme, je la respecte trop. » Quelque part il se sent floué de quelque chose d'important, alors il va commencer à vivre à travers sa fille — qui va coopérer (au besoin du père) en menant une vie sexuelle assez agitée. Il va combattre la conduite de sa fille en entrant de plus en plus dans son intimité (il écoute les téléphones, ouvre le courrier, la suit dans ses rendez-vous, l'épie et l'observe même faisant l'amour). C'est lui qui la poussera à se marier rapidement : « Comme ça, tu seras tranquille avec un homme, comme moi je l'ai été avec ma femme. »

Nous voyons avec évidence que le contenu même de ces échanges, s'il est seulement compris en termes de communication, aboutit à des impasses, à des « discussions folles ».

Tous ces symptômes sont plus envahissants dans les couples décrits comme ayant un niveau de différenciation faible ou un état de fusion élevé, après plusieurs années de vie commune.

> *Nous nous inventions un avenir commun avec des rêves diffé-rents. Sans comprendre que cela nous éloignait dans le présent et tuait les élans de vie qui nous tenaillaient.*

2. Les bénéfices secondaires au « déséquilibre » relationnel

> *« On se toucherait bien, mais on n'arrive qu'à se donner des coups. »*
>
> J.L. Godard

Lorsque des situations de souffrances, d'humiliations, de frustrations sont installées, maintenues, entretenues dans la durée, elles comportent évidemment des bénéfices secondaires.

Ils sont souvent peu clairs, paradoxaux et contre toute logique apparente. Il peut être utile, pour tenter de les déceler, de se poser cette question :

« Qu'est-ce qui se passerait si tel comportement ou telle attitude (chez moi ou chez l'autre) dont je me plains, n'existait plus ?
Quels seraient les désavantages de ce changement pour moi ? »

> *« Rendre l'autre fou est dans le pouvoir de chacun. L'enjeu en est l'extermination, le meurtre psychique de l'autre, de telle sorte qu'il n'échappe pas à l'amour. Qu'il ne puisse pas exister pour son compte, penser, sentir, désirer en se souvenant de lui-même et de ce qui lui revient en propre. »*
>
> Pierre Fedida

Une femme se plaint beaucoup du caractère pénible de son mari, de ses dépressions, de son pessimisme. Elle fait tout pour l'aider et par ailleurs vit d'autres relations satisfaisantes, avec bonne conscience. Le bénéfice qu'elle tire de la situation pourrait se formuler ainsi : « C'est si pénible de vivre avec lui que j'ai bien le droit de m'amuser un peu, non ? »

L'un permet ainsi à l'autre (et favorise parfois sans le vouloir) d'avoir un symptôme, une déviance (son cinéma, dit-il parfois), parce que cet arrangement permet le « marché » d'une conduite spécifique, d'une récompense ou d'une protection défensive.

Cela permet parfois d'éviter de voir ses propres craintes et/ou ses propres manques.

Un mari disait : « Je n'ai pas d'amis ou de relations en dehors de la famille, parce que ma femme n'aime pas sortir, ne veut pas quitter les enfants ni rester seule. »

Il évite ainsi de vivre ses propres difficultés à établir et à maintenir des relations, des contacts d'amitié.

Certains comportements « en public » d'un couple peuvent surprendre ceux qui y assistent et ne perçoivent pas les dessous du jeu relationnel.

Tel homme agresse, disqualifie publiquement sa femme sans que celle-ci le relève ou s'en montre affectée. Quels sont leurs « bénéfices » mutuels ?

Ce peut être pour la femme une compensation narcissique élargie: «Voyez comme il me traite, je mérite votre compassion et votre sympathie pour la façon dont je supporte stoïquement cela. »

Ou pour l'homme : « Voyez avec qui je suis condamné à vivre. J'en ai du mérite de ne pas l'abandonner. »

Mais les enjeux et les bénéfices subtils des jeux conjugaux destructeurs sont encore plus cachés, plus inconscients, et se situent à de multiples niveaux.

Quelle est par exemple la fonction d'une maladie, d'une somatisation répétée de l'un ou de l'autre, dans la relation de couple à tel moment ?

À quoi servent les crises d'angoisse dans le ménage ? Que disent les fatigues, les déprimes ?

Il raconte : « Chaque fois qu'elle téléphone, son ton est enjoué, elle est vivante, gaie, tonique avec ses interlocuteurs. Sitôt qu'elle m'adresse la parole, il y a une plainte, une mélancolie, une impuissance, une démission à vivre… »

« Quand il sort seul avec des amis, c'est comme une fête, il rentre tard, il n'est jamais fatigué. Quand je lui propose de sortir, de dîner dehors, il y a tout de suite un climat de pesanteur, de fatigue ; la soirée se raccourcit avec nos projets... »

Il me semble important de repérer autant que possible les avantages de la souffrance, de la colère, de la jalousie, etc., avant de tenter d'y changer quelque chose.

> « *Mais enfin, il faut savoir se sacrifier avec joie et aimer quand même, conclut-elle avec un effrayant sourire angélique.* »
>
> Albert Cohen

> *Toute relation est asymétrique, et par différence des investis-*
> *sements affectifs ou amoureux, et par différence des potentia-*
> *lités.*

3. Partage, échange et interpénétration des symptômes relationnels[1]

Certains partenaires vont isoler, localiser et placer les tendances gênantes ou défendues, les angoisses, sur leur proche intime et
les manipuler à exprimer et à porter leur problème pour eux. Ainsi,
les pensées et les souvenirs irrationnels ou les peurs peuvent être
transmis d'une personne à l'autre au moyen de doubles messages,
allant jusqu'au point où l'autre va douter de ses sens, de ses perceptions, de ses propres souvenirs et de ses sentiments.

Elle a commencé une thérapie parce qu'elle souffre d'angoisses
intolérables au sujet de la santé de son mari. Lui tolère bien
l'hyperprotection de sa femme, amusé ou parfois un peu gêné
par les restrictions qu'elle lui impose dans sa liberté de mouvement (nourriture, activités…).
Tant qu'elle portait ses peurs (à lui) il ne se préoccupait pas
beaucoup de sa santé, de son état — « quelqu'un d'aimé vit
mon angoisse pour moi, tout est en ordre ». Mais chaque fois
qu'elle s'occupait moins de lui, qu'elle était moins angoissée, il
développait des « douleurs de poitrine fulgurantes ». Si la thérapie de la femme avance un peu, il va devenir « très malade »
jusqu'à ce qu'il réactive l'angoisse en elle. Prise dans ce cercle
puissant, que va-t-elle faire ?
Dans un autre exemple, cette femme forte (en poids) va faire la
démonstration que pour se permettre de manger trop, il faut que
quelqu'un soit là, pour le lui interdire ou le lui reprocher. Son
mari est dérangé par « l'incapacité qu'elle a à se discipliner » —
il se moque fréquemment d'elle. Elle éponge la blessure de la
moquerie en mangeant davantage. Une exploration plus profonde

---

1. Certains exemples et idées exposés dans les chapitres 3 et 4 sont directement
inspirés d'un article de J.L. Framo intitulé « Symptoms from a family transac-
tional viewspoint », 1970.

montrera que le mari est porteur d'un blâme sur lui-même — il ne s'autorise pas à être indulgent pour lui, ainsi il participe à son besoin de manger trop, à travers elle ; il l'encourage de façon subtile par ses « reproches » et moqueries.

Une des démarches vécues comme « vitales » face à l'angoisse dans le couple est de rechercher de façon compulsive, irrépressible, un responsable comme la cause de notre propre conduite ou de ce qui nous arrive.

Cela a pour effet de susciter le rejet de sa propre responsabilité sur le partenaire avec deux stratégies complémentaires :

• **S'accabler de reproches** (même les plus bénins) : « Dès que je viens vers toi dans le lit, tu me tournes le dos » (alors qu'elle recherche peut-être la chaleur de son ventre dans le dos) ; « Tu ne reçois pas mes caresses ou ma tendresse, je te sens absent, lointain » ;
• **Se justifier d'avoir fait,** prévu, pensé ce qu'il était nécessaire de faire dans la situation, et cela pour l'autre.

Ainsi chacun se sent une sorte de victime impuissante face à l'intervention injuste ou inappropriée de l'autre.

« Ce que je veux c'est ne plus souffrir avec toi de ce que je ne veux pas. »

> *« Avec toi je me sens plus intelligent, plus vif, plus léger, plus généreux, plus entier, c'est comme si j'entrais dans le temps poétique de ma vie. »*

> *Nous ne choisissons pas toujours la rupture, ni vraiment le chagrin, nous choisissons souvent la survie.*

4. *Assignation irrationnelle de rôles*

Le rôle est l'ensemble des comportements-réponses construits en fonction des attentes imaginées ou perçues chez l'autre à notre égard.

L'assignation implicite ou explicite de rôles va refléter les tentatives inconscientes faites par l'un des partenaires pour maîtriser, remettre en acte ou externaliser les conflits intrapsychiques dérivés des expériences structurantes avec la famille d'origine ou les personnages significatifs de la petite enfance.

Ainsi, à travers les rôles pris à l'intérieur d'un couple, il peut y avoir une tentative de résolution interpersonnelle du conflit intérieur. La possession « abusive » de l'objet d'amour, motivation principale à l'assignation irrationnelle de rôles, contribue à empêcher l'individuation (la défusion) qui aurait pour résultat la catastrophe de la séparation et le constat douloureux qu'on a irrémédiablement « perdu » son père et sa mère. Chez certains ce deuil n'est jamais fait et ils vont mettre en œuvre des moyens de persuasion extrêmement puissants pour ramener l'autre à la ligne de conduite prescrite, en l'accusant si nécessaire de déloyauté, en le culpabilisant ou en le menaçant, par un désaveu émotionnel (je ne t'aime plus, je ne veux plus t'aimer) ou même légal (il faut nous séparer, divorcer...).

Le besoin d'une relation d'objet satisfaisante semble être une des motivations fondamentales à la vie de l'homme. Nous avons vu que va se répéter à l'intérieur du couple le même jeu dynamique issu de la famille d'origine. Ainsi, quand le comportement de l'un est ressenti comme rejet, abandon ou persécution, l'autre va gérer sa frustration en internalisant l'être « aimé-détesté » afin de le contrôler, de le maîtriser, de le posséder dans le monde psychique intérieur où il sera retenu comme représentation psychologique du « bon objet ».

Cela peut provoquer une dualité ou conflit intrapsychique qui sera le dilemme de toute tentative pour sortir d'une relation symbiotique :

1) Être affamé de fusion avec celui/celle qu'on aime pour qu'il devienne partie de soi ;
2) Se sentir possédé (attaché, piégé) avec le sentiment d'avoir perdu sa personnalité : « Je ne suis jamais moi. » ;
3) Être obligé de rompre pour trouver l'indépendance ou son identité, et si la relation est rompue...
4) Se sentir perdu, isolé, solitaire, sans valeur, déprimé...

Ce qui incite à recommencer = la recherche, être affamé, etc.

Dans ces couples le partenaire sera perçu comme étant partie de soi. Le partenaire sera alors traité selon la façon dont cet aspect de soi a été estimé, valorisé, gâté, chéri ou dénigré, persécuté.

Le risque est que les partenaires fassent mutuellement de l'autre un bouc émissaire et utilisent la projection de leur tentative inconsciente pour forcer l'autre à être conforme ou à répudier les objets internalisés divisés.

Ainsi, l'idéalisation de l'autre peut devenir un lien puissant entre tous les mécanismes de défense du champ conjugal, quand les partenaires attribuent à l'autre les mauvais sentiments qu'ils ne veulent pas reconnaître en eux-mêmes ou bien font de celui-ci quelqu'un de tout bon en prenant sur eux-mêmes tout le négatif[1].

Toutes ces tentatives inconscientes et actives sont faites pour changer les relations proches afin qu'elles se conforment aux modèles intériorisés.

Cette approche permet de comprendre pourquoi certaines personnes doivent choisir des attachements qui les mènent à tant de détresse — pourquoi certaines réussissent dans les relations sociales et échouent comme incapables de tolérer l'intimité d'une relation proche.

D'autres peuvent chercher des contreparties à l'extérieur ; pour maintenir la relation amoureuse, une autre personne (un tiers) sera considérée comme ennemie — sa menace cimente la relation.

Ces processus remplissent différentes fonctions indispensables au maintien de l'équilibre personnel — quel que soit le prix à payer dans les « déséquilibres » de la relation intime : évitement de

---

1. Ce qui explique, dans certains cas, le désarroi, le désespoir, la souffrance invivable si l'autre s'éloigne : il emmène le bon.

l'anxiété, maintien de l'équilibre psychologique, captation des anciens objets d'amour symboliquement retenus, en les représentant dans l'autre, diminuant ainsi la souffrance de la perte et du deuil.

Si j'ai décrit, très succinctement d'ailleurs, quelques-unes des dynamiques relationnelles « pathologiques » dans la relation intime, c'est pour inviter à une réflexion dans ce domaine et montrer aussi les limites à une amélioration de la communication par le seul « effort » ou la bonne volonté des partenaires. Un système relationnel ancré, structuré par le passé, peut difficilement se modifier à partir de l'un de ses membres. Chacun nourrissant le système d'apports nouveaux pour le maintenir (la capacité de créativité, d'intelligence immédiate dans ce domaine est fabuleuse), toutes les résistances sont mises en jeu à la moindre tentative de modification.

Mettre l'autre en échec : « Je serai toujours plus faible que toi, et tu n'y pourras rien, quoi que tu fasses », « Regarde comme je suis faible, démuni, quoi que tu fasses, tu ne pourras rien arranger pour moi ». Cela agit comme un aiguillon, un défi lancé à l'autre, qui va tenter de faire la preuve que lui pourra « faire » quelque chose, « rendre heureux », « vaincre le destin injuste », « faire jouir », etc.

Et souvent la prise de conscience du fonctionnement, une lucidité sur le mécanisme en jeu, ne suffit pas pour le modifier. Accepter de perdre les « gains », de lâcher la « position haute ou basse », de « rencontrer sa peur », de « faire le deuil », d'affronter « des souffrances anciennes » est quelque chose qui paraît impossible ou inutile pour celui qui le vit. Alors il garde le tout et le système se maintient…

USURE : détérioration par suite d'un long usage.
AVEC USURE : en rendant plus qu'on a reçu.

Littré

188

Je traîne après moi

Je traîne après moi trop d'échecs et de mécomptes
J'ai la méchanceté d'un homme qui se noie
Toute l'amertume de la mer me remonte
Il me faut me prouver toujours je ne sais quoi
Et tant pis qui j'écrase et tant pis qui je broie
Il me faut prendre ma revanche sur la honte.

Ne puis-je donner de la douleur, tourmenter
N'ai-je pas à mon tour le droit d'être féroce
N'ai-je pas à mon tour le droit à la cruauté
Ah! faire un mal pareil aux brisures de l'os
Ne puis-je avoir sur autrui ce pouvoir atroce
N'ai-je pas assez souffert, assez sangloté.

Aragon

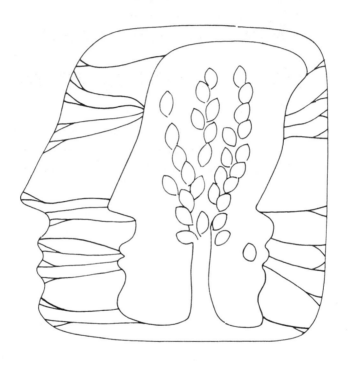

S'inventer des désirs en commun plutôt que de croire
avoir des désirs communs.

VI. La connaissance de l'autre, le changement

Changer n'est pas devenir quelqu'un d'autre, c'est devenir qui on est... et l'accepter.

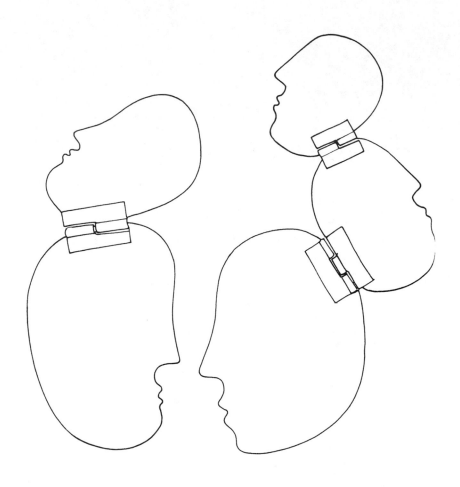

« Je te veux toi, parce que c'est plus simple que
d'embrasser l'humanité tout entière qu'il faudrait pour
te remplacer. »

Ce chapitre sera constitué
surtout par des interrogations,
par des alternatives ouvertes.
Il ne véhicule aucune recette,
il ne porte témoignage d'aucune réussite.
Il se veut interpellant.

C'est quand même difficile de commencer en conjuguant la vie avec AVOIR (j'ai une femme, j'ai un mari) et tenter de la vivre avec ÊTRE (je suis avec une femme, je suis avec un homme).

Tout ce qu'il faut élaguer, abandonner.
Tout ce sur quoi il faut « lâcher prise » pour accepter le début
d'un changement.

Un chemin possible… difficile, mais possible.

1. La connaissance de l'autre ou de la connaissance à la co-naissance

> « *Tout ce que je sais et que tu ne sais pas est pour moi, à ton égard, un don possible et une arme possible.*
> *Tout ce que tu sais et que je ne sais pas fait ma soif de toi et en même temps une menace.* »
>
> E. Amado-Levy-Valensi

La plupart du temps, la connaissance — le mot est d'ailleurs synonyme — est fondée sur un SAVOIR :

« Je le connais car je sais des choses de lui, sur lui. »

Je considère que cette connaissance-là ne constitue qu'un premier niveau relationnel : entrer en relation supposera de passer à un autre niveau, celui du VÉCU, pour atteindre la co-naissance = naître avec.

Cela suppose de pouvoir se redécouvrir soi-même et parfois se découvrir tout court dans des domaines inexplorés (l'affectivité, la sexualité, l'agressivité…) et surtout de pouvoir faire partager, « se communiquer, ouvrir son cœur, se rendre accessible, dévoiler ses pensées » à travers l'échange sur le vécu, le ressenti.

Devenir un être désirant, c'est prendre le risque de blesser l'autre en énonçant des désirs différents.

Je crois important d'être exigeant ; ce qui tue l'amour c'est de vouloir tout excuser, tout comprendre.

Garder un certain seuil d'exigence envers l'autre, envers soi-même.

Affirmer son existence, c'est la possibilité de ne pas être piégé dans les désirs et les exigences de l'autre, ni dans les siens.

Le difficile consensus du couple ? : « Jusqu'où puis-je aller sans faire souffrir l'autre — tout en acceptant de me faire plaisir? »

> *Une trop grande proximité empêche le regard de s'élargir, et je risque de te blesser par des gestes vitaux pour moi.*

« Nous sommes comme des navigateurs sans boussole, ni port d'attache, perdus dans la nuit des sentiments, déchirés aux petits matins des rencontres maladroites et trop brèves, morcelés au temps des retrouvailles. »

Plus l'autre est désemparé, injuste, excessif dans une situation donnée, plus il est important de garder le contact, de ne pas se replier ou l'enfermer dans son mutisme.

1. La co-naissance va dépendre de ce qu'on fait des différences constatées de l'homme et de la femme:

l'image qu'on avait et l'être qu'on découvre ;
entre ce que je dis et ce qu'il entend;
entre ce que je sens et ce que j'exprime.

Cela pourra se faire en termes de : apports, richesses, complémentarités, stimulations ou déceptions, rancœurs, incommunications, blocages.

2. La co-naissance implique le changement de soi-même, la remise en cause de ses images, de ses certitudes et croyances et de la résistance opposée au changement possible de l'autre (même s'il est souhaité).

« Je ne veux pas que tu changes, ça m'oblige à changer. »
« Si je vais dans le sens que tu souhaites, pendant que tu vas dans celui que je demande, nous ne saurons toujours pas choisir entre la mer et la montagne pour nos prochaines vacances. »

Elle peut dire aussi :

« Je te reproche d'avoir changé de convictions. Puisque tu ne voulais pas que je participe au M.L.F., pourquoi m'y pousses-tu maintenant ? Où sont mes repères, où est mon conflit ? Si tu es d'accord avec ce qui faisait mon opposition/affirmation, je me sens flouée ! »

Mais le changement qu'elle vivra sera très dynamisant, même s'il est douloureux et conflictuel.

Dans un couple, les désirs de changement vont se porter sur l'autre :

« Je voudrais que tu fasses, j'aimerais que tu sois... »

C'est toujours l'autre qui doit changer pour entrer dans nos désirs. Un dépassement de cette position peut se faire par : « Je te vois comme cela et voici ce que cela provoque en moi » (et non : « Tu es comme ceci, comme cela... »).

> *« Malheur à celui qui a cru pouvoir changer la vie (ou l'autre). Il garde à jamais au cœur une rage immense. »*

«Je voulais que ce soit plus vivant entre nous, pour que
ce soit plus vivable.»

> *Les moyens font partie de la vérité, aussi bien que le résultat… la recherche vraie, c'est la vérité déployée, dont les membres épars se réunissent dans le résultat.*
>
> Karl Marx

3. Une évolution possible de la co-naissance implique de :

- faire preuve d'une capacité de plus en plus grande à dépasser les rôles institués : mari/père/homme, épouse/mère/femme, et à tenter de se rejoindre comme des personnes, un homme, une femme ayant chacun un vécu unique, des sentiments inaliénables, non réductibles à la position de l'autre ;
- pouvoir me situer dans ce que je sens de la situation et non dans ce que j'imagine devoir être (comme père, mère, mari, épouse) ;
- me faire connaître dans mes sentiments profonds, dans mes désirs et mes peurs, témoigner de ma vulnérabilité ;
- faire une place à mon ambivalence (je veux et je ne veux pas, je souhaite et je crains) ;
- apprendre à faire confiance à mes propres sentiments, à mon ressenti, à ma propre compréhension de la situation ;
- prendre en compte mes contradictions, mes incohérences comme des tâtonnements possibles.

Accompagner l'autre ne signifie pas le suivre mais relève aussi d'une certaine façon d'être, de témoigner à côté de lui.

Dire les peurs et les fantasmes, se rencontrer dans l'expression des désirs cachés afin qu'ils soient entendus — ce qui ne veut pas dire réalisés ou comblés.

Quand la souffrance de l'un est la contrepartie de la liberté de l'autre et rend ainsi la vie commune intolérable.

Et beaucoup de s'interroger sur comment assumer un équilibre entre développement personnel, liberté, indépendance, ouvertures et interactions privilégiées dans le couple.

La difficulté de cette démarche : changer ensemble, sans se désaccorder, sans qu'un seul soit le moteur, changer progressivement par influences mutuelles en restant à l'écoute de l'autre.

Il n'y a pas de changement vrai sans crises et sans souffrances. Nous savons tous qu'il y a beaucoup de crises « vitales » dans une relation de couple, conjugale ou autre. Chaque sept ans, dit-on, et certainement plus souvent.

> *« Ah! être amoureux de quelqu'un doué pour le bonheur et me laisser porter par l'immense générosité qu'il éveillerait en moi. »*

> « *Je voulais que ce soit plus vivant entre nous, pour que ce soit plus vivable.* »
>
> « *Ce sont l'innocence et la spontanéité qui exigent le vrai courage quelles que soient les blessures qui en résultent souvent pour nous.* »
>
> E. Jong

2. Les enfants, facteurs de changements

Le culte de la vie en couple comporte plusieurs thèmes dont le plus évident est la glorification de la femme-mère et de la fonction maternelle. Il ne faut pas oublier que parmi tous les scénarios possibles dont sont issus les couples, celui de la « production d'enfants » est le plus fréquent. Nous voulons garder à ce terme tout son sens : engendrer, créer. Avec l'idée sous-jacente de se perpétuer, de s'agrandir, de se réaliser ou de se restaurer.

Les enfants ré-introduisent le couple aux différents niveaux du réel, de l'imaginaire et du symbolique dans la relation triangulaire. Il y a là comme une transposition de l'imaginaire vécu avant et ailleurs dans l'ici et maintenant des relations. Le réaménagement des relations duelles provoque des scissions et des ruptures dans les systèmes relationnels.

Un couple qui a un enfant est invité implicitement à changer de système relationnel, à chacune des étapes importantes de sa vie : naissance, crise de trois ans, entrée à l'école et surtout à l'adolescence.

À l'adolescence, par exemple, si l'un des deux change d'attitude (en se fermant ou en étant plus à l'écoute de l'enfant), le « risque » sera le conflit ouvert et l'éclatement possible ou l'ouverture à de nouvelles relations.

Si aucun des deux ne se modifie, c'est l'adolescent qui se mutile, s'éjecte ou se révolte.

Le « ferment adolescent » est la grande remise en cause des systèmes de valeurs installés, quels qu'ils soient.

C'est à la fois passionnant et périlleux.

Si les parents, à ce moment, peuvent percevoir que leur conflit est un reflet du conflit intérieur de l'adolescent, qui est partagé entre son besoin d'indépendance et son besoin de ses parents (amour, fermeté, autorité), ils pourront le vivre sans l'aspect dramatique, définitif ou tragique dans lequel ils s'enferment parfois.

Les parents d'adolescents se mettent fréquemment en conflit sur les systèmes éducatifs qu'ils préconisent, variant du besoin de contrôle au désir d'accepter l'expérience vécue par les jeunes.

Nous pourrions ajouter que les enfants traduisent fréquemment par leur comportement la symptomatologie relationnelle du couple.

> *Il y a des instants plus fragiles que des pétales de larmes.*

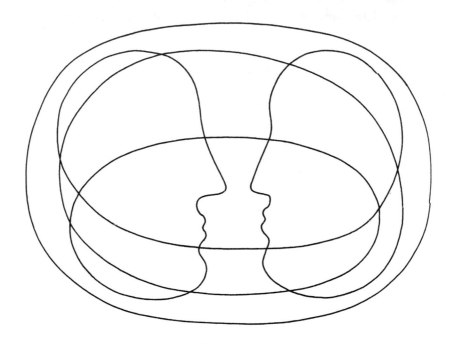

La naissance c'est faire entrer de la parole dans un
corps inachevé.

VII. Une évolution possible de la dynamique du couple

... et la peur du changement.
Quand mon regard perplexe et démuni
s'ouvre devant des certitudes qui se lézardent et s'égare sur le
non prévisible.

1. Évolution de la dynamique amoureuse dans un couple

> « *Le partage total entre deux êtres est impossible et chaque fois que l'on pourrait croire qu'un tel partage a été réalisé, il s'agit d'un accord qui frustre l'autre, ou même tous les deux de la possibilité de se développer pleinement.*
>
> *Mais lorsqu'on a pris conscience de la distance qui sépare deux êtres quels qu'ils soient, une merveilleuse vie « côte-à-côte » devient possible.*
>
> *Il faudrait que les deux partenaires deviennent capables d'aimer cette distance qui les sépare et grâce à laquelle chacun des deux aperçoit l'autre, entier, découpé dans le ciel.* »
>
> R.M. Rilke

La plupart des couples « démarrent » sur une relation amoureuse que j'appelle d'UNICITÉ fondée sur cet axiome implicite : « Tu es tout pour moi, je suis tout pour toi. Tu es le seul pour moi, je suis la seule pour toi. »

Avec le risque de développer une relation fusionnelle, dans laquelle les Moi ne seront pas suffisamment différenciés.

Ou encore de développer un pseudo-self :

« Je vais être comme je sens (ou j'imagine) que tu me veux, comme je sens que tu m'aimes. »

Cette dynamique fondée sur l'unicité va déboucher rapidement sur la **possessivité** et l'aliénation mutuelle, qui se maintient à travers une pseudo-sécurité avec une plainte et un gain formulés ou informulés :

« Je ne me sens pas libre avec toi. »
« Mais je t'ai. »
« Je ne peux pas être moi. »

Dans de nombreux cas, à un moment de la vie du couple — de plus en plus tôt chez les jeunes couples — il y aura transgression de la relation d'UNICITÉ par une relation parallèle, occasionnelle, éphémère ou durable. Les relations « extra-conjugales » sont plus fréquentes, plus importantes que ne le laisse supposer l'apparence des couples.

Pour D. de Rougemont, « un couple c'est l'assemblage d'un certain nombre de différences, et à certains points de vue, ça fonctionne exactement comme une fédération de groupes ayant chacun ses lois propres ».

Ce type de contrat exclut l'uniformisation (sois comme moi), la fusion (je suis toi). L'homme et la femme y sont libres ensemble parce que justement irréductibles l'un à l'autre.

Dans cette perspective, l'union, au lieu d'exclure l'autonomie, la garantit.

Au début d'une relation amoureuse, le couple, dans son mode de rapport économique à l'autre, est le lieu de la gratuité : ce qui est à moi est à toi, prends sans demander, utilise-moi...

Mais une analyse plus attentive des biographies de divorce (trop peu faite jusqu'ici) pourrait montrer que la rupture se construit fréquemment sur un sentiment d'inégalité dans les coûts et les profits — matériels ou monétaires d'une part, symboliques, prestige social et culturel comparé, etc., d'autre part — éprouvé par l'un des conjoints ou les deux dans la dynamique « économique » de l'échange conjugal. La rupture est fréquemment vécue comme culpabilisante parce que transgressant les « normes implicites de solidarité ». Elle est vécue comme angoissante car elle traduit souvent un non-renoncement à la fusion, avec la réactivation du sentiment de perte ou d'abandon.

Aujourd'hui, de plus en plus, on forme un couple pour être heureux. Une affaire aussi importante que le bonheur, on ne laisse à personne d'autre le soin de la régler. Le couple se veut solidaire, matériellement, affectivement et sexuellement, de cette réussite-là. Un mariage raté, une mésentente durable prendra alors figure d'échec jamais cicatrisé.

Cette exaspération des attentes vient du sentiment que c'est un des rares domaines où l'individu se sent « en prise directe », où il se sent un pouvoir d'action immédiat dont il peut attendre quelque chose de gratifiant. L'environnement étant reconnu comme peu valorisant, c'est du couple qu'on attend la reconnaissance de son identité unique et singulière. « Moins l'environnement social sera capable d'apporter de satisfaction, plus on attendra de la cellule familiale. »

« Le seul truc chouette de ma vie, c'est de penser à Marie. Le soir on se retrouve, la vie commence. Toute la journée j'y pense. Si elle me laissait tomber, je serais vraiment seul. Il ne me resterait plus rien… »

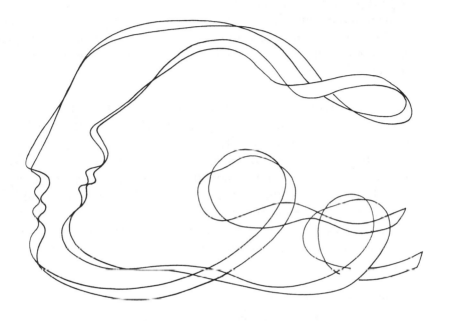

Mon En-Vie c'est avec toi que j'ai envie de la vivre.

Actuellement, nous observons chez de nombreux couples un mouvement vers ce que j'appelle la **Relation Privilégiée** qui pourrait s'énoncer ainsi :

« Je te privilégie parmi d'autres » ; « Tu es le plus important pour moi » ou encore « Tu es essentiel ».
« C'est avec toi que je vis l'essentiel, ce qui me paraît vital, mais il en existe d'autre(s) pour moi, avec qui je vis autre chose de façon différente[1]. »

L'autre est essentiel quand il y a dans chacun des mots prononcés, dans chacun des instants partagés, dans chacun des projets, le souci de l'autre, de son plaisir, de sa compréhension, de son respect, à travers le respect de soi-même.

Ce discours est rarement tenu dans les faits, car il réactive l'incomplétude fondamentale, cet « espace infranchissable à une communion achevée » et l'incapacité douloureusement reconnue à satisfaire totalement l'autre dans tous les domaines. Et cependant, ce mouvement, s'il est intégré, peut dynamiser et vivifier la relation de couple.

> *Aller au-delà de la dynamique du citron pressé:*
> *« Tu n'es bon que lorsque j'ai besoin de toi » ;*
> *« Quand mon angoisse disparaît, je me sens bien… sans toi ».*

---

1. Il serait possible d'affirmer que le caractère particulier s'exprime de façon constante, sous des formes multiples, même si elles sont sublimées… Un équilibre peut se créer si, pour l'autre aussi, le partenaire est quelqu'un d'essentiel et vital… Si ce n'est pas le cas, il y a des complications certaines.

« Je veux mettre une étoile dans mon appartement, et
c'est fou le nombre d'amis qui me disent que ce n'est
pas possible. »

2. La relation créatrice

> « *Le contact c'est l'appréciation des différences.* »
>
> F. Perls

Appliquée aux relations en général, la relation créatrice a été étudiée par Gilbert Rapaille dans le livre qui porte ce titre. La relation créatrice vise à favoriser la croissance de l'un et de l'autre, de l'un par l'autre, et devrait permettre un développement optimal de chacun[1].

Elle suppose quelques conditions :

- l'indépendance géographique (territoire commun/territoire réservé) ;
- l'indépendance financière/économique ;
- l'indépendance culturelle ;
- l'indépendance affective ;
- l'indépendance sexuelle ;

auxquelles j'ajoute l'indépendance politique.

Il s'agit plus d'une reconnaissance mutuelle de ses possibilités que d'une « indépendance » stricte. Ce n'est pas ce qui est obtenu qui est parfois le plus important, c'est ce qui est possible.

L'intérêt paraît être que ce mouvement existe dans le couple et fonde un échange renouvelé, peu facile, douloureux dans les premières approches, peut-être, mais possible et riche de stimulations et de découvertes.

---

1. Pour G. Rapaille : « Elle nous permet de traduire l'inexprimable en images, en couleurs, en sons. Elle représente pour nous le contact permanent avec la dimension poétique de notre vie. Elle est source permanente de découvertes et de passions, de recherche et d'émerveillement. Elle permet d'actualiser en nous-mêmes des possibilités allant bien au-delà de toutes nos espérances et de rencontrer chez les autres des dimensions insoupçonnées. Elle débouche enfin sur une joie personnelle et intérieure et sur une qualité de relation auxquelles notre culture semblait avoir enlevé toute chance d'accéder. »

L'indépendance sera fonction de notre propre capacité à répondre au besoin de solitude qui habite chacun de nous. À la distanciation dans les relations par l'atténuation des projections.

Elle sera liée aussi à la possibilité de vivre des expériences nouvelles et à les partager, à les mettre en commun.

Ce terme d'indépendance doit marquer la distanciation affective et émotionnelle qui existera dans chacun des domaines en question.

INDÉPENDANCE GÉOGRAPHIQUE

Est-ce que je dispose d'un territoire, d'un lieu, d'un espace, d'un temps qui me soit propre sans le voir piétiné, envahi ou violé par l'autre ? Il peut s'agir parfois d'un simple tiroir... et d'une seule soirée hebdomadaire ou mensuelle, qu'importe...

INDÉPENDANCE FINANCIÈRE ET ÉCONOMIQUE

Puis-je assurer ma propre survie ? Subvenir à mes besoins sans me sentir culpabilisé ou devoir quelque chose ? Ai-je des revenus propres liés à mon travail (voir à ce sujet la revendication légitime des femmes sur le salaire ménager/maternel/familial) ?

INDÉPENDANCE CULTURELLE

Mes origines, ma culture, mes valeurs, mes intérêts sont-ils reconnus, valorisés par l'autre (et par moi-même).

INDÉPENDANCE AFFECTIVE

Puis-je avoir des sentiments, des relations, des liens affectifs sans menacer l'autre et sans me sentir coupable de les vivre ?

L'indépendance affective ou l'interdépendance affective sera liée à une capacité de plus en plus grande à la liberté des émotions, « à la libre circulation des sentiments ».

Je ne puis éviter totalement de blesser l'autre par mes demandes, par mes attentes, par mes sentiments, car justement ils sont différents et pas nécessairement liés à ses propres demandes, attentes, sentiments.

« Quand Paul m'a dit " Tu sais, il y a trois ans, j'ai eu une relation dont je ne t'ai jamais parlé… ", je n'ai rien entendu d'autre que ce cri en moi :
Non, non pas à moi !
J'ai hurlé, tu m'as trompée, tu m'as trompée !
Tout s'écroulait, je n'existais plus — je ne pensais plus,
je ne raisonnais plus — je hurlais une ultime dénégation :
Non, non, non !
Et puis tout doucement c'est venu,
notre couple, mon couple.
Depuis quatorze ans, qui es-tu mon couple ?
C'est venu doucement quand j'acceptais d'être calme, trop fatiguée pour hurler.
Tu étais toute ma vie, je t'ai tout donné, je ne vivais que par toi, j'étais ta servante, ton esclave, je me suis donnée à toi tout entière, je n'existais plus sans toi.
Mon corps je l'ai battu, tué, malaxé, castré.
En dehors de toi il ne devait pas exister.
Oh mon couple je t'ai sanctifié, encensé. Rien d'autre
que toi. Pas un regard, pas un geste, pas un homme, pas une femme hors toi, toi, toujours toi.
Te tromper aurait été sacrilège, je me serais reniée moi-même, impossible.
J'ai hurlé longtemps, la tête ballante, refusant l'inadmissible.
Mon couple conte de fées, mon couple fleur d'oranger.
Puis je t'ai parlé à toi Paul,
mon prince charmant, un homme merveilleux,
qui avait accepté d'épouser la souillon que j'étais,
un homme extraordinaire, très beau, sans défaut, qui ne devait pas en avoir,
à la tolérance sans borne pour avoir pu m'aimer,
moi, la vilaine.
Un homme à moi, mon homme pour qui je vivais, respirais, jouais.
Mon corps pour toi, mon sexe pour toi,
rien, rien, rien d'autre.
Oui j'étais folle, complètement folle,
tu étais mon dieu.

Quand tu te montrais homme, avec tes erreurs,
tes défauts, tes hésitations, je refusais,
je dépensais une énergie folle à te rétablir,
à te remettre,
à t'installer plus confortablement encore
à la place qui était la tienne,
celle d'un dieu.
J'exigeais en échange beaucoup de toi ;
tu devais montrer que tu m'aimais
sans faille,
tu ne pouvais pas me tromper.
Mon couple conte de fées est mort,
mon couple fleur d'oranger n'est plus.
Notre couple, nouveau-né, est là, timide, tremblant,
va-t-il vivre ? va-t-il mourir ?
Je reste encore paumée, perdue,
je suis toute seule,
il est seul,
mais nous... »

> *L'infidélité : tu ne me trompes pas avec un autre, tu me trompes avec toi-même en te laissant croire que je reste important alors que tout en toi me réduit au néant.*

INDÉPENDANCE SEXUELLE

> *Il y a des amours-nourritures qui nous alimentent pour nous permettre d'en vivre d'autres, à nourrir à notre tour.*

Mon plaisir, mon désir dépendent-ils uniquement de l'autre ? Ai-je suffisamment de croyance en mes ressources[1] pour ne pas lier mon plaisir (et ma sécurité sexuelle) aux seuls échanges avec un partenaire ?

---

1. La lecture du *Rapport Hite sur la sexualité féminine* (Éd. R. Laffont) me paraît très éclairante dans cette perspective.

INDÉPENDANCE POLITIQUE

Suis-je dans un rapport de force suffisamment mobile pour permettre un jeu d'influence réciproque réelle ? Ce qui devrait m'interroger à découvrir de quoi est fait mon pouvoir, mon influence sur autrui. Quelle est ma vulnérabilité ou ma défense face au pouvoir d'autrui ?

Le prix à payer dans cette démarche d'indépendance, c'est le risque de la jalousie et d'une trop grande distanciation.

> *Cette souffrance renouvelée que l'on entretient en inventant le plaisir pris par l'autre.*

Nous savons que le pire, dans la jalousie, c'est le degré d'abaissement où elle nous fait descendre. Et jusqu'où ne descend-on pas pour essayer de savoir (pas de comprendre), de savoir et de nourrir encore cette souffrance insatiable.

La distanciation sera liée à la peur de la séparation.

Nous avons tous un mythe personnel de la séparation. Les mots, les images, les associations qui viennent sont le plus souvent : perte, abandon, rupture, rejet, dévalorisation. En fait la racine de ce mot signifie : être distinct.

Nous rejoignons là une démarche de différenciation.

Se séparer de l'autre peut vouloir dire se séparer de ses peurs, des images « mauvaises » sans cesse projetées, de ses désirs ressentis comme trop prégnants. La rencontre ne peut paradoxalement se faire qu'au travers d'une séparation de tout cela.

Se rencontrer pour pouvoir se séparer.
J'accepte de mourir parce que j'ai bien vécu.
J'accepte de te perdre parce que je t'ai connu.
J'accepte de te quitter parce que je t'ai rencontré.
J'accepte d'être avec toi parce que je me suis trouvé.

> *Le droit de naître... même en faisant du mal.*

Et malgré tout cela, au-delà de toute cette recherche, nous avons quand même besoin de dépendance. Je l'appelle, par opposition à la dépendance imaginaire du début de la relation, la dépendance du choix.

« Je te choisis, je me sens choisi. »

Nous ne pouvons courir le risque de vivre trop proche l'un de l'autre que si nous vivons aussi chacun pour soi. Même si je réclame la proximité, elle deviendra terrifiante, le lien sera trop menaçant, si je n'ai pas la possibilité d'être indépendant et moi-même. Mais je ne peux vraiment être différent et indépendant que si je peux compter sur assez de chaleur, d'estime et d'amour pour me réunir à l'autre.

> *Se réunir plutôt que de se lier, voilà quelle pourrait être la démarche.*

Plus je me sens fort — c'est-à-dire entier — plus il me sera facile d'être proche et intime.

Nous arrivons ainsi au paradoxe suivant : plus grande est l'intimité de me dire, de me signifier comme différent, plus grande sera la possibilité d'indépendance.

Oser l'affrontement, en allant plus loin que la culpabilité, en prenant le risque de blesser, de faire mal plus ouvertement. En allant au-delà des images, des pièges, des jeux, des silences et des punitions — pour prendre sa peur à bras le corps, pour se prendre l'un à l'autre à bras le corps, au corps à corps, et se faire mal, là où ça souffre.

Tout changement durable aux problèmes d'un couple repose en fait — mais quel chemin faut-il faire pour découvrir cette évidence ? — sur un changement radical dans la façon dont chacun se comporte vis-à-vis de lui-même (et non vis-à-vis de l'autre, comme nous avons tendance à le croire).

Quand je suis capable de changer mon regard sur moi — en cessant de me disqualifier, de me blesser, de m'interdire, et de me culpabiliser. Quand je peux m'accorder plus d'indépendance, de courage, de confiance en mes sentiments.

C'est plus de nous-mêmes que nous sommes prisonniers... que de l'autre.

Actuellement, c'est souvent la femme qui la première sent la possibilité d'une vie meilleure, qui a la certitude d'un chemin possible au-delà de la détresse et qui va chercher alors désespérément — fougueusement —, parfois injustement et maladroitement, ce chemin et le trouver. Peu d'hommes sont prêts à accompagner, à partager ou à se voir provisoirement rejetés dans une telle démarche.

3. Améliorations possibles de la communication

> *Combien de vieilles maisons ont été retapées par des couples enthousiastes, alors que c'était la relation qui était vacillante et croulante.*

Établir une relation, c'est aller plus loin que les sentiments, c'est rapprocher et relier entre elles des différences. C'est établir la libre circulation des « écoutes » dans un espace à créer, dans un temps à inventer. Les sentiments agissent, fonctionnent parfois comme des parasites à la communication.

Puis-je accepter de parler de moi, de mon vécu, de mon ressenti, de mes sentiments (même si le senti ment, il est vrai pour moi) ? Puis-je ne pas faire de discours sur l'autre, et ne pas accepter de discours de l'autre sur moi ? Également, par une lucidité de plus en plus grande sur ma position dans l'échange, je peux tenter d'améliorer la communication.

Ai-je une attitude défensive qui amène freinage et blocage ? Qu'est-ce qui est touché, blessé en moi dans ce que dit l'autre ? Qu'est-ce qui se ferme, se dérobe, fuit… ?

Ai-je une attitude d'ouverture (qui ne veut pas dire accepta-tion), c'est-à-dire d'accueil à ce qu'il ou elle me dit et qui va vers un agrandissement de l'échange ? Suis-je stimulant ?

Puis-je recevoir l'autre dans sa façon d'être, ses attitudes, ses paroles ? ce qui ne veut pas dire que je dois tout accepter. Ainsi, réception et acceptation peuvent être deux temps bien différenciés dans la communication.

Mes réactions de frustration, de jalousie, d'irritation, de lassi-tude existent, je ne peux pas les nier ou les « refouler », mais je sais que je peux les dépasser, les décanter, avec un peu de temps.

Je sais que je peux éviter de les mettre en avant, de les mettre en jeu à tout moment, de les imposer à l'autre.

Suis-je suffisamment conscient de la « pollution relationnelle » que je dégage[1], que je déclenche aussi ?

---

1. La « pollution relationnelle » : cette notion peut choquer. Elle exprime simple-ment que tout échange consomme (consume) des énergies et laisse des résidus… Nous avons tous fait l'expérience de « communications » avortées, de véritables luttes, épuisantes, voire « d'assassinats » dans des échanges forcenés.

Je peux OSER demander, poser ma demande, sans en exiger la satisfaction immédiate, en prenant le risque d'un refus, d'une attente.

Je peux oser me dire, en prenant le risque de ne pas obliger l'autre, de ne pas le rendre responsable de ma souffrance s'il refuse.

En effet, toute demande s'inscrit dans un rapport de forces entre désir et peur.

J'ai besoin de ton regard chaleureux sur moi.

J'ai besoin que tu t'intéresses à ce que je suis.

J'ai besoin que tu comprennes ma peur, mes contradictions, et je sais, je sens qu'il peut en être de même pour toi.

L'apprentissage de la communication est d'une certaine façon aussi l'apprentissage du plaisir, il oblige à se défaire des inhibitions, des craintes qui empêchent le partage avec l'autre.

> « *Si étouffé, si mal balbutié que soit le dialogue, il porte la double marque du donné et du reçu ou tout au moins, comme un prélude, la double tonalité de l'aspiration et de l'inspiration des âmes.* »
>
> G. Bachelard

La liberté des sentiments passe par la liberté de la parole, aussi douloureuse soit-elle. Les liens du cœur ne suffisent pas à maintenir ensemble deux personnes... une communication sur les peurs et les désirs est nécessaire.

Combien il serait moins douloureux de transformer certains symptômes (somatisations, accidents, répétitions) en parole. La libre circulation des sentiments et de la parole comme signe de santé relationnelle.

Puis-je vivre le plus pleinement possible mes sentiments sans blesser ou aliéner ceux envers qui je les ai ou je ne les ai pas ?

Penser que le dialogue va de soi, c'est en méconnaître les constants malentendus, les pièges subtils.

Personne ne peut se dire profondément, si l'interlocuteur ne favorise pas, par son écoute, l'échange aux différents niveaux possibles de l'expression d'un message.

En particulier, tenter de dépasser le **niveau des faits** (l'anecdote — que s'est-il passé ?) pour celui des **ressentis** (mon vécu, mes sentiments, mes émotions) et celui de **l'imaginaire** (à quoi cela me renvoie-t-il de mes peurs, de mes désirs, de mes fantasmes ?), ou encore le niveau du retentissement (comment cela résonne-t-il dans mon passé, mon histoire ?).

Chacun de ces niveaux est une source relationnelle, un fleuve d'échanges possibles.

> *« Je commence à pouvoir mieux comprendre ce que je suis en parlant avec toi; tu es comme un témoin. »*
> *« J'ai du mal à être à l'écoute de moi-même, j'ai besoin d'une amplification. Ton écoute me permet de mieux m'entendre. »*

La difficulté n'est pas de dire, c'est d'être entendu.

Je veux être prêt à l'étonnement,
prêt à l'imprévisible certitude que
demain tu m'aimeras encore
pour un jour
pas pour toujours
pas à jamais
seulement demain
pour emplir encore une fois
aujourd'hui.

VIII. Quelques espoirs d'aller plus loin ensemble

« Il y aura toujours un couple frémissant pour qui ce matin-là sera l'aube première. »

Aragon

> *« Je réclame éperdument tout ce que j'ai rejeté chez toi, car tu m'as fait découvrir ce qui me manquait. »*

« Mais par où commencer ? Des choses à dire, à hurler, à redire pour les enfoncer dans ton écoute, j'en ai des jours à dire. Mais les plus secrètes, les plus enfouies sous des couches de silence et d'aveuglement, les plus murées au fond de l'incompréhension, les plus écrasées par les peurs, et cependant prêtes à déborder dans un déferlement d'angoisse, n'ont jamais vu le jour. Celles-là, justement, il va falloir qu'elles sortent, qu'elles s'énoncent sans que les mots soient polis, arrangés, engrangés en phrases. Il y va de notre vie... »

1. Développer l'intimité

Chacun d'entre nous a besoin de CARESSES, c'est-à-dire de gratifications spécifiques dans un ou plusieurs domaines.

Chacun d'entre nous peut s'interroger ainsi : de quoi l'autre a-t-il besoin ? Dans quels domaines ? et combien ?

Tel savant/chercheur se « satisfera » d'un compliment par an — ou du Nobel après trente ans de passion silencieuse.

Tel autre, moi, par exemple, aura besoin de compliments, de reconnaissance, d'approbation, de chaleur tous les jours et même plusieurs fois par jour.

L'intimité sera renforcée par le souci réel de valoriser, d'estimer, d'apprécier l'autre sans démagogie ou manipulation.

Nous nous construisons en nourrissant tous les jours les « forces vives du Moi » et une image positive.

L'intimité vécue, ouverte, suppose, bien sûr, le dépassement de la « défiance », du « repli », de « l'agressivité », et nous avons vu combien ces trois éléments se réactivent avec plus de vivacité que notre conscience.

L'intimité c'est aussi être en contact, c'est-à-dire être vraiment là où je suis, dans ce que je fais, au plus près de ce que je dis. Être entier dans la situation, non partagé entre mon passé et mon futur.

Elle suppose aussi une égalité qui n'a rien à voir avec l'abolition des différences. Il s'agit plutôt de l'égalité dans la réciprocité du droit de demander, de dire, la réciprocité de la parole entendue. « Je te demande de m'entendre, même si tu n'es pas d'accord avec ce que je dis, surtout si tu n'es pas d'accord », « Il est important pour moi de dire, de pouvoir exprimer mes désirs, mes peurs, mes fantasmes, mes utopies ; cela ne veut pas dire que j'exige une réponse ou leur réalisation... accueille ma parole, c'est elle qui me construit aussi ».

Cela rejoint une démarche de recherche **d'authenticité et de vérité de soi**:

« Seule ma vérité me rend libre à ton égard. »

« Ce droit que je demande, (que je prends) sur toi d'accueillir ma vérité comme elle tâtonne en moi, comme elle se cherche dans mon vécu. »

« Si je peux aller au-delà de ma peur d'être jugé ou de ma crainte d'être blessant pour toi, je me dois aussi d'aller au-delà de mes silences, de mes doutes. Je me dois de révéler l'intimité de mes désarrois, de mes désespoirs, de témoigner de ma vulnérabilité (ce qui ne veut pas dire faiblesse et fragilité) sans que tu te sentes nécessairement remis en cause ou responsable de mon état. »

> *Seule la personne que nous aimons, celle avec qui nous sommes proches, a la capacité de nous démolir, de nous étouffer, voire de nous tuer, en augmentant, en cultivant nos angoisses... mais elle est aussi la seule qui puisse nous permettre de découvrir nos forces les plus cachées, les plus oubliées.*

L'intimité sera inscrite dans la sensation d'une entente, bien au-delà des mots, sans qu'il y ait demande formelle. Il s'agit de ces certitudes immédiates nées d'un accord partagé.

Cette disponibilité-là s'appelle ouverture au sens musical du mot, elle introduit toutes les symphonies à venir, tous les accords à naître. Elle est fondée sur une acceptation libérée du ressentiment.

L'intimité c'est encore ce sentiment d'être investi par l'autre, d'être représenté, présent en lui comme quelqu'un de bon, de satisfaisant, de désirable.

Elle lui disait : « Tu fais beaucoup de projets avec moi, mais ce sont des projets en creux.

Tu me préviens que tu ne seras pas là demain soir, que vendredi tu dînes avec tes collègues et que la semaine prochaine tu seras loin… mais j'ai besoin de projets pleins, j'ai besoin de projets non pas sans moi, mais avec moi, dans lesquels je suis présente. J'ai besoin de construire avec toi dans un avenir proche concret. C'est aussi de ton désir renouvelé, actualisé, présent de vivre quelque chose avec moi dont j'ai besoin. Oui, il est temps de faire des projets pleins ensemble. »

> *Ne pas comptabiliser ses peines, mais plutôt inventorier ses joies, ses plaisirs, ses élans, les laisser couler, s'inventer, exploser.*

> *La question n'est pas de savoir que faire mais de savoir comment se sentir différent et de savoir l'être ensuite.*

2. Développer la conscience

« Si tu peux ne pas te laisser entraîner par mon angoisse,
si tu peux ne pas entrer dans mes contradictions, ou me coincer dedans,
si je peux te sourire après mon désarroi,
si je peux vivre dans le provisoire, dans l'incertitude avec quand même un sentiment de sécurité infinie,
si je sais entendre tes sentiments,
si je peux te dire " je me sens blessé " sans éveiller ta culpabilité ou entraîner ton rejet. »

Eric Berne m'a appris que : « La conscience, c'est la faculté de voir une cafetière et d'entendre chanter les oiseaux selon sa propre manière et non celle qui nous fut enseignée. »

Ce qui implique d'exister dans l'ici et le maintenant[1] et non dans l'ailleurs, le passé ou l'avenir.

Dans un couple, ce sera d'accepter de voir l'autre tel qu'il est (tel qu'il se cache ou se défend), d'être lucide sur les réactions émotionnelles qui nous traversent, qui nous envahissent parfois. De retrouver une spontanéité de l'actuel, du présent.

En retrouvant la capacité d'affronter seul la « responsabilité de son propre bonheur » (ou de son propre malheur), c'est-à-dire d'être capable de ne pas rejeter sur l'autre ses peurs, ses malaises, ses fantasmes, de reconnaître ses sentiments réels, d'en finir avec le partenaire bouc émissaire.

---

1. Cela semble une banalité de l'écrire ainsi. « Maintenant », en termes de communication, est un instant sans durée, il est notre expérience de la réalité à la fois la plus immédiate et la plus impalpable. « Il est le seul moment du temps où ce qui arrive arrive et ce qui change change. » C'est un présent infiniment court, à la charnière de ces deux étendues infinies, qui s'allongent dans deux directions opposées, le passé et le futur.

Quand il y a tellement de forces à ne pas se quitter et aucune raison à rester ensemble, c'est souvent pour s'assurer qu'il y aura toujours quelqu'un sur qui rejeter le blâme, sur qui focaliser l'angoisse.

Cette perception de l'autre comme mauvais objet semble nécessaire à l'existence de nombreux couples. Des gens qui se haïssent se font subir une vie détestable, sans pouvoir se séparer — comme un long désert sans fin à traverser.

> *« Il viendra un jour un être au regard si vrai que le réel le suivra. »*
>
> Joë Bousquet

> « *Mais pour continuer la romance,*
> *Il faut bien qu'un des deux commence*
> *Le grand jeu de la Vérité*
> *Et brise jusqu'aux entrailles mêmes*
> *Les vieilles racines de haine*
> *Nées de nos larmes avalées.* »
>
> Chanson de M.J. Marchat

3. Développer sa spontanéité

Il n'est pas nécessaire de se coincer dans le difficile pour dire le plus important ou l'essentiel.

Spontanéité signifie choix, liberté de choisir[1] et d'exprimer ses propres sentiments.

Il sera important, par exemple, dans la vie d'un couple, de pouvoir exprimer la haine et la violence développées envers l'autre.

Je te hais ne signifie pas : « Je ne t'aime plus. »

Cela signifie : « Je n'ai pas que des sentiments positifs à ton égard. »

Ma spontanéité dépendra de ma capacité à témoigner de mes sentiments réels, à en repérer l'origine ou le stimulus, à accepter l'expression de ceux de l'autre.

Beaucoup de couples commencent, nous l'avons vu, avec l'illusion que le partenaire choisi va être la personne idéale à la fois parent, enfant, ami, amant, associé, thérapeute, qui nous aidera à satisfaire « tous les besoins, tous les appétits, toutes les attentes inassouvies ou déçues de notre vie antérieure ».

« Nous espérons, entre autres, que notre partenaire nous aidera à accomplir cette tâche difficile et jamais achevée qui consiste à devenir adulte (ou à rester enfant pour d'autres). »

Si le deuil de ce fantasme se fait, il s'agit alors de réinventer un nouveau système de langage :

---

1. En particulier, de choisir ses contraintes, ce qui suppose une connaissance du « prix à payer » et des alternatives possibles.

- Parler de soi à l'autre, plutôt que de faire un discours sur l'autre, lui parler à lui ;
- Personnaliser plus souvent nos interventions ;
- Témoigner de nos sentiments, de nos perceptions sur un mode plus direct : « C'est comme cela que je sens, que je vois, que je comprends » ;
- Accepter de se situer, de se positionner : « Voilà où j'en suis » ;
- Ne pas hésiter à revenir sur le vécu commun pour en exprimer le ressenti personnel.

> *Oser se proposer à soi-même ce qui est bon pour nous, et refuser d'entrer dans la non-envie de l'autre en se privant.*

> *« Nous sommes responsables de ce qui nous arrive — non pas de ce que nous désirons voir arriver. »*

4. Créer un espace de négociation

Beaucoup d'échanges portent en eux, devraient porter en eux, une possibilité de négociation. Quelle est ma demande, quel est mon projet, quelle est mon intention ou quel est mon désir ? Quels sont les tiens ?

La réponse « fais ce que tu veux » est un piège considérable qui ne permet pas de délimiter mon désir du tien, ton souhait, ton intention de la mienne.

> « Le dimanche après-midi, au moment du café, on se demandait l'un à l'autre ce qu'on allait faire. "Qu'est-ce qui te ferait plaisir ?" Au départ de l'échange, c'était toujours **ce que l'autre voulait**... si bien que nous passions immanquablement l'après-midi et le repas du soir chez ma belle-mère. C'est comme cela que nous décidions "ensemble" ! »

Créer une distance, un espace de négociation dans lequel peuvent se reconnaître d'une part les points communs, d'autre part les différences, permet mieux la confrontation et surtout la reconnaissance de désirs différents. Avant d'avoir un point de vue commun, il est utile de **mettre en commun nos différents points de vue.**

Quel est le projet de l'autre? L'inviter à l'énoncer, à le préciser.

Ensuite, trouver ce qu'il y a de commun dans les deux projets : partir en vacances ensemble, se faire plaisir, se détendre, faire une activité...

Énoncer les différences (qu'est-ce qui nous sépare ?) en termes de sentiments, de sensations, de besoins.

Mon projet peut se heurter au refus de l'autre à énoncer le sien — et à tenter de supprimer, modifier, changer le mien. Ou encore à énoncer un contre-projet réactionnel, plus défensif que désirant.

Ce qui se passe habituellement, c'est que chacun va éviter la création de cet espace, soit en essayant d'amener l'autre sur son « territoire » de références ou de désirs à lui, soit en allant « démolir » quelque chose sur le territoire de l'autre, en le traquant, en le reje-tant sur son espace à lui, considéré comme « pas bon ».

« Nous pourrions aller à la mer, cet été en Grèce.

— Oh c'est trop loin, et puis la mer cela fait trois ans qu'on y va... »

« J'ai l'intention de recommencer à travailler, on me propose une place de...

— Tu es folle, c'est un travail trop fatigant, tu vas te faire exploiter... »

À aucun moment l'autre ne positionne son désir à lui. Que veut-il, lui, face à la proposition de l'autre ? Qu'est-ce qui est menacé, bousculé ?

Il avait envie de voir le match de foot à la télé, quand elle aurait eu envie de sortir avec lui. Mais elle accepte de rester pour lui faire plaisir, **sans énoncer son propre désir.**

C'est de ce plaisir-là, donné, qu'elle « attend » implicitement un retour. Un soir suivant, elle a envie de voir une dramatique à la télé, et lui souhaite sortir. Il énonce son désir.

Elle lui en voudra de ne pas s'être proposé à rester (comme elle l'a fait) pour lui « faire plaisir à elle aussi ».

En offrant d'entrer dans le choix de l'autre, sans dire son pro-pre choix, on ne lui permet pas de choisir réellement. On le laisse dans le leurre que son choix a été accepté.

Quand l'un dit oui, à quoi, à qui dit-il oui ?

Vieillir ensemble ce n'est pas ajouter des années à la vie, mais de la vie aux années.

ALLER AU-DELÀ DES PSEUDO-NÉGOCIATIONS
OU DES DÉSACCORDS NON DITS

Elle lui dira : « Je dois aller à Carrefour faire des courses. Est-ce que tu viens avec moi ? »

Lui : « Oui, d'accord. » Il y va non par intérêt réel ni par besoin, mais pour faire plaisir à l'autre, et cela sans manifester son propre désir qui serait, par exemple, de rester au chaud ou de bricoler ou de préparer le repas.

Ne pas énoncer ainsi son désir laisse croire l'autre à la toute-puissance de sa demande.

Dans le « faire plaisir » du second, il y a en germe tout le ressentiment de n'avoir pu dire sa propre demande, en s'alignant trop vite sur celle de l'autre.

D'où l'importance de dire — chacun son projet — même si on se rallie parfois au projet de l'autre.

« Il a l'air de me demander, chaque fois, "demande-moi", alors je me sens culpabilisée de ne pas demander. »

Oser parler de son plaisir. Ce qui se passe souvent, c'est plutôt la dénégation de son propre plaisir (surtout quand il est pris en dehors du partenaire) pour ne pas faire déplaisir à celui-ci.

Elle a été invitée chez des amis pour passer dix jours de vacances pendant que lui continue à travailler. Pour ne pas faire « mal » à son conjoint, elle va « isoler », « minimiser » ce projet, ou encore le rationaliser, le rendre comme extérieur à elle. Car ce qu'elle redoute, c'est qu'il ait de la peine.

Au retour, si tout s'est bien passé, elle risque encore de minimiser l'intérêt de son séjour. « Comment ça s'est passé ? — Oh bof, tu les connais, c'était fatigant... »

Elle ne sait d'ailleurs pas que, ce faisant, elle frustre l'autre : « Sa solitude n'a donc servi à rien... »

> « *Tu me noies sous tes offres, qui sont autant de demandes...* »
>
> *Double message :* « *Je te donne ta liberté, prends-la donc.* »

Une communication pleine portera sur différents niveaux dans l'échange, par exemple, le niveau des faits (l'histoire, ce qui s'est passé), celui du ressenti et du vécu (ce que j'ai senti en moi) et celui du retentissement (qu'est-ce que cela réactive ? quelle résonance dans mon histoire ?). Ces différents niveaux vont être plus ou moins investis au cours d'un échange et feront l'objet soit d'une amplification, soit d'une censure chez celui qui s'exprime et chez celui qui tente d'écouter.

« Tu sais, j'ai rencontré quelqu'un dans le train ; il s'est passionné pour ce que je lisais, nous avons bavardé ainsi pendant deux heures. Il habite Lyon… » Ici l'échange peut bifurquer vers autre chose, un autre centre d'intérêt. Il peut aussi être relancé par l'écoutant qui « résonne » à ce qui lui est dit et va tenter de mieux entendre comment sa partenaire a vécu cet événement.

Elle-même n'est pas nécessairement au clair avec son vécu ou avec le retentissement profond de cette rencontre.

Communiquer sera à la fois rester ouvert aux possibles de l'autre et rester en attente sur ses mystères.

> *Apprendre à se parler à soi-même, pour entendre enfin sa propre parole.*

> *« Ne prends pas sur toi, sans arrêt, ce que je suis. »*

5. Développer une relation écologique

En acceptant que l'autre puisse avoir besoin, pour être, pour croître, d'autre chose que ce que nous croyons bon pour lui.

Et son corollaire : lui faire suffisamment confiance pour qu'il sache, lui, ce qui est bon pour lui... même s'il paraît se tromper.

Et pourtant l'expérience nous crie que cela est difficile à accepter.

Nous savons aussi que l'amour est un lien fragile.

Développer une relation écologique, c'est aussi prendre la responsabilité de mes besoins, de mes propres désirs, de mes choix. Ce qui m'arrive, ce que je vis, ce que je sens participe quelque part de ma responsabilité.

Je me responsabilise par le JE. « Cette soirée était vraiment ennuyeuse... » ou « Ma main se tend vers elle » deviennent « Je me suis ennuyé » et « Je tends ma main vers elle ».

Si je charge l'autre de mes échecs, de mon insatisfaction, de mon impuissance, je le dévitalise.

> *« Je me donne à toi mais ce don de ma personne, mystère, se change inexplicablement en cadeau d'une merde. »*
>
> J. Lacan

Toute relation, du seul fait qu'elle est vivante, sécrète sa propre pollution, elle produit un résidu, une charge, des cendres. Décrassage, aération, humus écologique de l'humour deviennent indispensables pour la vivifier à nouveau. Elle raconte une séance de dépollution relationnelle: « ...Mais maintenant enfin, nous commençons à voir clair. Il aura fallu une mémorable soirée où nous nous sommes tapés dessus (pas assez à mon gré !) pour crever l'abcès, se dire les pires horreurs et ensuite reconnaître qu'on ne pouvait pas se passer l'un de l'autre — mais en indiquant chacun le prix qu'on était prêt à payer. Au fond il n'était pas très élevé pour

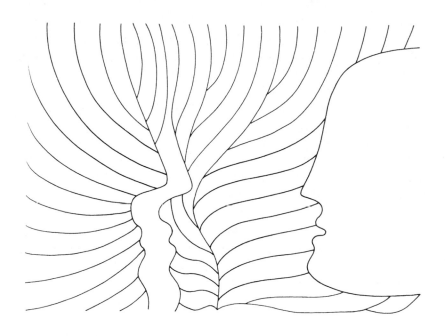

Il arrive parfois aux épines d'avoir des roses...

l'un et l'autre, et c'est maintenant agréable de vivre ensemble, sans sortir à chaque instant du placard les fantômes de nos reproches et de nos frustrations.

Je sais mieux maintenant ce qui est bon pour moi, ce que je peux accepter et jusqu'où je peux aller dans mes demandes et mes refus. Si tu savais comme c'est bon et déculpabilisant de lâcher tout, tout l'abominable que nous portons, tous ces petits trucs mesquins, disproportionnés, injustes. Tout ce que l'autre n'a pas su voir, entendre, recevoir. Et la violence surtout, ah ! la violence, quel plaisir ! Mon émotion, quand j'ai senti qu'elle ne le détruisait pas, qu'il restait là, debout, vivant et tout proche, étonné, éberlué mais aimant. Quel soulagement de pouvoir faire mal à l'autre sans le perdre.

Tout cela semble horrible à dire et un peu dingue, mais pourquoi ne l'avons-nous pas découvert plus tôt ? Par peur, certainement, par lâcheté aussi... »

Si cela n'a pas lieu, tout se passe comme si l'attachement donnait le droit d'exiger d'être compris inconditionnellement, d'être accepté dans toutes ses manifestations, y compris celles qui sont de véritables « empoisonnements ».

« Quand ça ne va pas bien, c'est vers toi que je me dirige. » Puis-je refuser la pollution de l'autre ? « Oui, chaque fois que je me sens forcé dans un choix qui n'est pas le mien. »

Je dois savoir que, à travers certaines paroles, certains thèmes dans mes relations (malgré moi), j'injecte à l'autre soit des vitamines soit du poison. Quelle alternance, quel biosystème ai-je créé avec celui/celle qui « fait » couple avec moi ?

« Entre dans mon jeu ! »
« N'y entre pas ! »

Donner autre chose que ce qui est demandé, c'est aussi la richesse des différences, la bénédiction possible des couples. « Sortir du cadre de l'autre », ne pas entrer à tout prix dans son jeu. C'est cela qui est déconcertant, salutaire et vivant, facteur de changement.

> « *Les routes qui ne promettent pas le pays de leur destination sont les routes aimées.* »
>
> René Char

« J'ai besoin de ta compréhension… même si je suis injuste avec toi. »

« Ne me fais pas mal, même si je te fais souffrir, car je suis dans mes contradictions. »

Développer une relation écologique, ce sera aussi rechercher et trouver la bonne distance relationnelle, c'est-à-dire trouver à la fois l'espace, la distance, le temps et le rythme qui permettent, au-delà de la rencontre, de se trouver, de se reconnaître et de se respecter dans une croissance mutuelle. « Il me disait " toi tu sais tout ", et cela voulait dire " tu dois tout comprendre ". Ce qui lui permettait de tout me dire, le sordide, le lourd, le pénible… tout comme dans une décharge publique, il m'a tout déversé. J'étais comme asphyxiée. »

La bonne distance sera avant tout recherche — l'aimance se nourrit de proximité et de distance pour devenir connaissance. CO-Naissance serait plus juste.

Nous emprunterons l'exemple qui va suivre à l'ethnologie. Il arrive que des indiens, par les hasards des nomadisations ou des catastrophes, se rejoignent, sans l'avoir voulu. Cela arriva aux indiens Mandans d'Amérique du Nord. Un groupe d'indiens d'une culture voisine vint les rejoindre et apprit à leurs côtés la culture du maïs. Mais bientôt les Mandans leur demandèrent de repartir, et leurs vieux répètent encore ce qui leur fut dit en ces temps très anciens.

« Il serait préférable que vous partiez au-delà du fleuve et que vous construisiez votre propre village, car nos coutumes sont par trop différentes des vôtres. Ne se reconnaissant pas les uns et les autres, les jeunes gens pourraient avoir des désaccords, et il y aurait des guerres. N'allez pas trop loin, car les peuples qui vivent éloignés sont comme des étrangers et la guerre peut éclater entre eux. Voyagez vers le nord, jusqu'à ce que vous ne puissiez pas voir la fumée de nos maisons, et là bâtissez votre village. Ainsi nous serons assez près pour être amis, et pas assez loin pour être ennemis. »

Les Mandans avaient une certaine idée de la bonne distance. Elle se dit dans tous les mythes, partout où la réunion hasardeuse du destin provoque des rencontres. Elle se dit dans les incestes et dans les amours trop passionnées, elle se dit aussi dans le cheminement des couples qui veulent rester vivants.

La bonne distance va permettre de différencier dans un Nous, le Toi du Moi.

> « *L'amour aujourd'hui, ce serait un renoncement à un pouvoir que l'un pourrait exercer sur l'autre.*
> *Ce pouvoir pourrait être économique, culturel, physique, moral ou même, pourquoi pas, dû au simple charme. — Je t'aime donc je renonce au pouvoir que j'ai en te regardant.* »
>
> L. Comencini

6. Les renoncements à la toute-puissance

Il est difficile de ne pas avoir ce que l'autre nous demande justement comme une preuve d'amour.

Accepter de reconnaître : je ne suis pas, je n'ai pas ce que tu me demandes. Vas-tu me perdre pour cela ?

Renoncer à son manque, c'est-à-dire accepter de ne pas avoir/ de ne pas être ce que l'autre nous demande avec tant d'intensité et d'insistance.

Pouvoir dire « je ne suis pas cela », « je ne l'ai pas ». Cette démarche est liée au leurre de la toute-puissance qui consiste à vouloir à tout prix remplir le manque de l'autre par son propre manque.

Détruire ainsi le lien du manque, lien puissant qui nous lie au plus profond de notre angoisse, de notre culpabilité.

Renoncer à changer l'autre. Renoncer à être changé par lui. Je ne peux changer mon partenaire, mais je peux changer les enjeux de ma relation à lui (en particulier en acceptant de perdre certains bénéfices secondaires liés à ma souffrance ou à la sienne).

Renoncer aussi dans le couple à l'illusion de vérité. Travail difficile, douloureux, effrayant dans la désolation de certains passages. Mais quel chemin étonnant ! « Je me débats avec mes contradictions et toi aussi avec les tiennes — notre rencontre reste possible en faisant confiance à nos ressources. »

Renoncer à tout savoir, en acceptant ses zones de mystère, ses plages de silence, ses enthousiasmes... pour tout ce qui n'est pas moi.

> *Je voudrais une relation de plaisir, non une relation d'attachement.*

En conclusion de cet aperçu sur la co-naissance en couple, je dirai : « Il ne peut pas ne pas y avoir de communication. »

Communiquer, entre deux personnes, c'est tenter de poursuivre un cycle d'échanges, de transactions (donner/recevoir) absolument vital à l'existence humaine.

Dans la vie d'un couple, ce cycle est parfois douloureux, toujours mouvementé, souvent passionnant.

La communication a quelque chose d'océanique
        dans ses flux et reflux
        dans s'ouvrir et se fermer
        parler, se taire
        avancer, reculer
        s'étreindre, se séparer

et si ces rythmes s'installent dans un couple, dans l'absence et la présence, alors une union pleine naît.

> « *C'est plus facile de se priver de quelque chose que l'on aime que de supporter quelque chose que l'on n'aime pas.* »
>
> Anonyme

Quand au Livre I de la Genèse, Dieu invite Adam à nommer les animaux, à donner un nom à la création, il s'avise aussi qu'il n'est pas bon de le laisser seul à nommer, à décider, à créer ainsi les labyrinthes du Verbe. Qu'il lui faut quelqu'un pour l'aider, pour accroître son efficacité, à « la limite pour le sauver de lui-même[1] ». Il lui donnera une compagne. Le nom d'Ève s'identifiant dans son radical à la racine du verbe hébreu qui signifie « dire, éclairer, communiquer », Ève sera avant tout interlocutrice (provocatrice aussi, initiatrice d'un changement radical pour l'homme en osant goûter au fruit de la connaissance, en l'invitant à la remise en cause d'un ordre établi avant lui).

C'est dans cette perspective que ce livre a été écrit, « éclairé » par ceux et celles qui furent des compagnons d'interrogations pour une vie de relation plus ou moins longue.

Pour moi, la femme est essentiellement l'Autre. C'est-à-dire quelqu'un qui nous oblige au dépassement des croyances closes, des certitudes trop bien posées, des irrémédiables fermés.

L'Autre : celui qui est susceptible d'éveiller, qu'il le veuille ou non, l'impensable, en se souvenant que « impansable » peut s'écrire aussi comme cela.

> *« Assiéger l'espérance*
> *savoir ce que l'on aime*
> *le non d'entre les oui*
> *le oui d'entre les non. »*
>
> Andrée Chedid

---

1. Eliane Amado-Levy-Valensi : *Les voies et les pièges de la psychanalyse*, Éd. Universitaire, 1970.

Postface

« Dans un couple, peut-être que
l'important n'est pas
de vouloir rendre l'autre heureux,
c'est de se rendre heureux
et d'offrir ce bonheur à l'autre. »

(Ma grand-mère)

Cantique à Elsa

Buissons quotidiens à quoi nous nous griffâmes
La vie aura passé comme un air entêtant
Jamais rassasié de ces yeux qui m'affament
Mon ciel, mon désespoir, ma femme
Treize ans, j'aurai guetté ton silence chantant
Comme le coquillage enregistre la mer
Grisant mon cœur treize ans, treize hivers, treize étés
J'aurai tremblé treize ans sur le seuil des chimères
Treize ans d'une peur douce-amère
Et treize ans conjuré des périls inventés.
Ô mon enfant, le temps n'est pas à notre taille
Que mille et une nuits sont peu pour des amants
Treize ans c'est comme un jour et c'est un feu de paille
Qui brûle à nos pieds maille à maille
Le magique tapis de notre isolement.

Aragon (Éd. Seghers)

Le tout est de tout dire
et je manque de mots.

Paul Éluard

Je voudrais remercier
celle qui m'a permis
par son écoute
sa tendresse
sa patience surtout
d'aller au-delà de
malentendus possibles
et permis
de garder l'espoir
d'une vie ouverte
à deux
pour en faire
un couple multiple
avec
ou sans elle.

Table des matières